離婚協議書・婚姻契約条項例集

面会交流・養育費・財産分与・婚姻費用・年金分割、パートナーシップ契約等

サンプル書式ダウンロード特典付

髙井　翔
竹下 龍之介
中村 啓乃　著
宮﨑　晃
本村 安宏

日本加除出版株式会社

は し が き

　離婚協議書は，①紛争を解決する，②将来に禍根を残さない，という機能を有しており，離婚問題に苦しむ両当事者にとって極めて重要な法律文書である。離婚協議書の作成は法律上必須ではないが，取り決めておく点は多いため，後日トラブルになることを回避するために作成しておくべきである。

　離婚問題においては，親権，養育費，面会交流，財産分与，慰謝料及び年金分割等といった多くの条件を取り決める必要がある。離婚に直面した当事者は，相手方に対する不信感，嫌悪感などが交錯し，合理的な判断や話し合いができないことが多く，協議が難航するケースが多く見受けられる。弁護士が代理人となって相手方（又はその代理人弁護士）と冷静に協議することで，離婚調停に至ることなく協議段階で解決できるケースもある。しかし，多くの事案は一筋縄では行かない。代理人弁護士は，事案に応じた適切なゴールを設定し，相手方を説得するだけなく，依頼者を説得することに尽力しなければならない。相手方と依頼者双方を何とか無事説得できれば，その合意内容を書面にすることで紛争を解決できる。離婚協議書は，これまで紛争状態にあった当事者を解放し，再出発させることができる。

　また，離婚協議書は，将来に向かって重要な機能を有する。すなわち，養育費や面会交流等の合意内容は，未成年者が自立するまで重大な影響を及ぼし続ける。したがって，合意内容を検討する場合，その場しのぎではなく，将来のことを想像し，禍根を残さないよう慎重に作成しなければならない。

　このように離婚協議書の合意条項は，極めて重要な法律文書であるにも関わらず，体系的な条項例集が存在しないことについて，大きな問題と考えていた。離婚調停についての条項例については書籍があるものの，調停段階で締結する合意内容と協議段階で締結する合意内容には大きな違いがある。すなわち，離婚協議書は裁判所を通さずに作成するため，裁判所特有の制限がなく，より柔軟な合意が可能である。もちろん，法的な拘束力が認められるかという問題はあるものの，当事者の意向を細かい点まで条項に反映できる

というメリットがある。

　また，離婚協議書の条項例集は社会的なニーズも極めて大きい。現在，日本では年間19万3000組が離婚している（令和2年の離婚件数。厚生労働省「令和4年度　離婚に関する統計の概況」）。これに対して，調停離婚の申立て件数は年間4万件にも満たない（令和3年の離婚調停申立件数。令和3年司法統計「家事調停事件の新受事件数の推移」）。つまり，日本では大多数の夫婦が調停を経ることなく協議で離婚を成立させている。離婚協議書を作成する際に，適切な条項を使用しなければ，紛争を解決できず将来に禍根を残すだろう。

　弊所には離婚事件に注力する弁護士で構成される離婚事件部があり，10年以上にわたり，膨大な数の離婚紛争を解決してきた実績がある。チーム内では離婚問題に関するノウハウを共有し，研究してきた。そのような中，協議段階を前提とした離婚等男女問題に関する条項例集について，書籍発刊の企画をいただき，この度，出版を決意した。

　本書の執筆にあたっては，次の3点を基本的なスタンスとした。

① 法律実務家が実際に直面する可能性がある事象を前提とした条項例を掲載する

　　離婚問題と一口に言ってもその状況は千差万別である。実際に離婚事件の依頼を受ける弁護士等の法律実務家が実際に扱う可能性があるケースを念頭において，条項例を掲載することとした。

② 専門弁護士として記載のポイントを付加する

　　単に条項例を紹介するだけではなく，当該状況に対して，当事務所の離婚弁護士であれば，どのように考えて条項例を作成するかを紹介することとした。

③ 離婚や男女問題を広くカバーする

　　実務家にとってニーズが高い事象を前提としつつも，本書の対象とする領域はとても広い。親権，養育費，面会交流，財産分与，慰謝料，年金分割，婚姻費用といった離婚の諸条件に係る条項例のほか，婚前契約（夫婦財産契約・婚約解消），婚姻契約（別居合意，パートナーシップ契約），内縁の解消などの事案で用いる条項例も掲載した。さらに，参考として，

弁護士会照会や調査嘱託申立書等の書式集も掲載することとした。これらの書式は専門弁護士として長年の経験を積んだからこそ得られた成果物である。

これにより，本書は，離婚や男女問題に直面する法律実務家に対して，羅針盤としての役割を果たすことができると考えている。

もっとも，離婚事件は同じ争点であるかのように見えても，一つ一つのケースには大きな違いがあり，あるべき合意内容も様々である。そのため本書を参考としながら，具体的な状況に応じて臨機応変に対応していただきたい。不備な点，十分に詰められていない点もあるかと思うが，本書が離婚・男女問題を扱う法律実務家の一助となれば望外の喜びである。

最後に，本書の執筆にあたっては，企画から出版全般にかけて，日本加除出版の佐伯寧紀氏に大変お世話になった。心から感謝する。

2023年6月

著者を代表して

弁護士　宮　﨑　　晃

凡　例

1　本書中，法令名等の表記については，原則として省略を避けたが，括弧内においては以下の略号を用いた。

【法令】

民	民法		戸籍	戸籍法
民執	民事執行法			

【裁判例】

・最一小決平25・3・28民集67巻3号864頁

　→最高裁判所第一小法廷平成25年3月28日決定最高裁判所民事判例集67巻3号864頁

・東京高判平10・2・26家月50巻7号84頁

　→東京高等裁判所平成10年2月26日判決家庭裁判月報50巻7号84頁

・静岡家浜松支審平20・6・16家月61巻3号64頁

　→静岡家庭裁判所浜松支部平成20年6月16日審判家庭裁判月報61巻3号64頁

2　出典の表記につき，以下の略号を用いた。

民集	最高裁判所民事判例集		判タ	判例タイムズ
家月	家庭裁判月報		判時	判例時報
民月	民事月報		家判	家庭の法と裁判

裁判所「**養育費・婚姻費用算定表**」　家庭裁判所ウェブサイト「養育費・婚姻費用算定表（令和元年版）」（令和元年12月23公表，**資料1**参照）

目　　次

第**3**章　財産分与 ··· *25*

第**①**　金銭支払 ──────────────── *25*

第**②**　不動産等 ──────────────── *30*

第❸　預貯金 ──────────────────── *49*

第❹　株式等 ──────────────────── *51*

第2　終　　期 ——————————————————————— *81*

第3　進学先に応じた段階的な合意 ——————————— *86*

第4　その他 —————————————————————————— *87*

第7章　婚前契約 *119*

第8章　婚姻契約 *131*

第1　パートナーシップ契約等 *131*

第2　別居合意 *136*

付　録

第1章 離 婚

 協議離婚の解消

条項例1-1　協議離婚の合意──基本

　●●●●（以下「甲」という。）と●●●●（以下「乙」という。）は，甲と乙の婚姻の解消に関する件（以下「本件」とする。）について，次のとおり合意する。

1　甲及び乙は，本日，協議離婚することを合意する。

解 説

　まずは，離婚の合意についての基本的な条項例です。協議で離婚を成立させる場合に，条項の中では，当事者が，協議書の作成日に，離婚の合意をしたことを明記します。サンプルでは，頭書で，本合意の目的を記載しています。

条項例1-2　協議離婚の合意──離婚届について追加

　甲及び乙は，本日，協議離婚すること及び乙がその届出を速やかに行うことを合意する。

■ 解　説 ■

　離婚の合意に加えて，離婚届をどちらが提出するか，について明記した条項です。離婚届の提出については，離婚原因などに関連して，自分が出したい，相手に出してもらいたいなどの希望があることも多く，それを反映して記載します。婚姻時の氏を引き続き使用する場合には，届出が必要になるため（戸籍77条の２），その場合は届出が必要な配偶者（氏を変更している配偶者）が，離婚届も一緒に提出することが多い印象です。

　また，夫婦間で離婚届の提出期限を決めた場合は，「速やかに」ではなく，「●年●月●日迄に」と明記することもあります。

条項例1‑3　協議離婚の合意──後日公正証書作成を追加

　1　甲及び乙は，本日，協議離婚すること及び乙がその届出を速やかに
　　行うことを合意する。
　2　甲及び乙は，本協議書に定める事項について強制執行認諾付き公正
　　証書を作成することを承諾した。

■ 解　説 ■

　この条項例は，本離婚協議書を，後日公正証書にすることについての合意も反映させた内容となっています。

　公正証書にする場合は，金銭支払の部分について，強制執行認諾の条項を追加する必要があります。強制執行認諾の条項とは「債務者は，本証書記載の金銭債務を履行しないときは直ちに強制執行に服する旨陳述した」等の記載のことです。

　また，公正証書の作成費用についても折半など，合意事項に加える場合は，「公証役場に支払う費用について，甲と乙とで２分の１ずつ負担する。」などの条項を加えることもあります。

　公正証書作成の場合は，債務者については本人ではなく代理人が行う場合，

送達費用が掛かります。送達費用は債権者が支払うこととなるため，これについても忘れずに確認しておくのが良いでしょう。

　また，離婚公正証書の場合は，引っ越し等で送達先が公正証書に記載の住所から変更になっているケースもあるため，送達先住所については，事前に確認しておくことをお勧めします。

条項例 1‒4　調停離婚の合意 ── 離婚申出者を明記する場合

　申立人と相手方は，本日，相手方の申出により離婚する。

■ 解　説 ■

　本条項例は，調停で離婚が成立する場合のサンプルです。

　調停で離婚が成立する場合，原則は，申立人が離婚届を提出することになります。そのため，申立人が離婚届を提出する場合には，別途「離婚届をどちらが提出するか」といった追加の文言は不要です。

　相手方が提出することとしたい場合には，「相手方の申出により」という文言を追加することで，役所への届出を行うのは相手方ということになります。調停の場合は，双方の合意があれば，当該内容で合意することが可能です。

　ここで注意すべきは，審判の場合です。審判の場合は，裁判官によっても取扱いが異なりますが，原則は「相手方の申出により」との文言を入れることができません。その場合で，どうしても相手方の提出の合意を入れたい場合は，原則どおり申立人が提出することとするか，相手方から別途申立てのみを行い，申立てを行ったほうの調停を審判移行し成立させるというような方法を取らざるを得ないこともあります。

条項例1−5　協議離婚の合意──離婚のきっかけを明記する場合

　●●●●（以下「甲」という。）と●●●●（以下「乙」という。）は，甲の不貞行為を原因として，本日，離婚することを合意する。

■ **解　説**

　この条項例は，甲が不貞行為を行ったことにより離婚に至った事案で，離婚原因を明記する場合のサンプルです。

　離婚原因を明らかにしておきたいという希望が強い場合は，このような条項を入れることがあります。

　しかし，年金分割等で役所に示すことがある場合（公正証書にした場合など）は，詳細が記載から分かるので，詳細に記載することは依頼者が避けることが多いです。また，合意の中で慰謝料等の記載がある場合は，その記載から離婚原因が明らかであるため，あえて当該条項を入れなくてもよいと判断することも多いです。

条項例1−6　調停離婚の合意

　申立人と相手方は，離婚する。

■ **解　説**

　この条項例は，調停離婚する場合の一番シンプルな条項例です。調停条項の中では，「申立人」，「相手方」と記載され，離婚届は申立人が提出することになります。そして，調停成立の日を含め10日（戸籍43条・77条1項・63条1項）以内に届を提出することとなっているため，「速やかに届出を行う。」等の文言は入ってきません。

第2 親権者の指定

条項例1−7 親権の合意——基本（子1名）

　甲及び乙は，当事者間の未成年の子●●（令和●年●月●日生）の親権者を乙と定める。

■ 解 説 ■

　この条項例は，甲乙間の離婚に伴い，親権の取決めをする場合のサンプルです。一番シンプルに親権のみを記載しています。

　離婚をする当事者間に未成年の子がいる場合は，いかなる場合でも，親権者だけは先に取り決める必要があります（民819条1項）。そのため，親権者をいずれにするかを明記しています。また，子の特定のため，生年月日を記載しています。

条項例1−8 親権の合意——基本（子2名）

　甲及び乙は，当事者間の未成年の子●●（令和●年●月●日生。以下「丙」という。）及び●●（令和●年●月●日生。以下「丁」という。）の親権者を乙と定め，乙において監護養育することとする。

■ 解 説 ■

　この条項例は，未成年の子が2名いる場合のサンプルです。基本的な記載は子が1名の場合と変わりません。

　この後で養育費の記載をすることがほとんどであるため，その便宜上，「丙」，「丁」等と記載することを決めることが多いです。

　本条項例で監護養育について記載をしているのは，大きくは親権の中に監護養育権が含まれていますが，分けることも理論上可能です。実務上分けて

合意することは極めて稀ですが，分けて合意をすることもあります（条項例
1 - 9参照）。

　そのため，監護養育についても乙が行うことを確認するために記載してい
ます。

条項例1 - 9　親権と監護権の分離

　当事者間の長男●●（令和●年●月●日生）の親権者を父である甲と，
監護権者を母である乙と，各々定める。

■ 解　説

　この条項例は，甲（父）と乙（母）の離婚協議において，甲が親権を，乙
が監護権を得る合意ができた場合のサンプルです。

　なお，離婚後に，父母の間で，親権と監護権を分離分属させることができ
るかは争いがありますが，離婚に際しての父母の親権争いの妥協的・調整的
な措置として利用できることから，当事者間で合意があれば，合意は有効と
されており，現に，実務でもそのような内容で公正証書を作成したり，調停
を成立させることもあります。

　ただし，当事者間で合意ができた場合でなければ，親権者と監護権者を分
属させるということには裁判所は慎重で，親権と監護権とを分属させるには，
それが子の福祉にかなうといえる特段の事情が必要としています。特段の事
情の具体例としては，例えば，①親権者となった一方の親の事情あるいは子
の事情で，子が直ちに親権者となった親のもとで生活できず，しばらく他方
の親のもとで生活させる必要がある場合や，②一般的に監護者に監護をさせ
ながら，子の監護に重大な問題について，親権者を関与させる余地を残し，
共同監護の実を挙げさせる必要がある場合などが挙げられます（同旨の審判例
として，福岡家審平26・12・４判時2260号92頁。ただし，同審判例は，特段の事情がある
として親権と監護権の分属を是認。）。

　原審（横浜家審平5・3・31家月46巻12号53頁）が，未成年者三人中二人の親権を父に，監護権を母に指定し，一人の親権（及び監護権）を母に指定したという事案で，東京高等裁判所は，親権と監護権を父母に分属させることが適切な解決方法である場合もあるが，本件においては，監護者として適当な母から親権のみを切り離して父に帰属させるのが相当とは認められないとして，未成年者らの福祉を考慮し，原審の一部を取り消し，未成年者らの親権者を全て母と定めました（東京高決平5・9・6家月46巻12号45頁）。

条項例1-10　親権の合意——子が複数で父母それぞれが親権を持つ場合

　甲及び乙は，当事者間の未成年の子●●（令和●年●月●日生。以下「丙」という。）の親権者を甲，●●（令和●年●月●日生。以下「丁」という。）の親権者を乙と定める。

▍解　説

　この条項例は，甲乙がそれぞれ未成年の子の親権を持つという合意をする場合の記載例です。基本的な記載方法は，片方が親権を持つ場合と同じで，これを二つ記載することになります。

　双方が一人ずつ子を引き取る場合は，養育費の算定について，いわゆる算定表（裁判所「養育費・婚姻費用算定表」）には記載がないため，計算式にあてはめて計算する必要があります。インターネット上に算定ツール（例えばデイライト法律事務所「養育費の自動計算ツール【新算定表対応，最新2023年版】」など）もありますので，参考にしてください。

条項例1-11　親権の合意──養子縁組している場合

　甲及び乙は，未成年の子●●（令和●年●月●日生。以下「丙」という。）の親権者を甲と定め，丙と乙の養子縁組を解消する。

【特別養子縁組の場合】

1　甲及び乙は，未成年の子●●（令和●年●月●日生。以下「丙」という。）の親権者を甲と定め，今後同人において監護養育する。

2　甲及び乙は，丙と乙との離縁手続のため，甲の住所地の家庭裁判所で手続することに合意する。

▇ 解　説 ▇

　この条項例は，甲の子と養子縁組をしている事案の親権者の取決めをする場合のサンプルです。養子縁組をしている場合は，もともとの親権者が親権を持つこととなることが多いです。その場合には，養子縁組の解消をする旨も一緒に合意し，離縁の手続をとる必要がありますので，養子縁組をしている場合は忘れずに記載しましょう。もともとの親権者ではない配偶者が親権を持つ場合は，離縁の合意は不要です。通常の親権の合意の文書を作成しますので，条項例1-7をご参照ください。

　また，特別養子縁組の場合は，相応の理由がない限り原則として離縁ができず（民817条の10），協議での離縁はできないため，家庭裁判所で審判を行う必要があります。

条項例1-12　別居合意──監護権者の合意

　●●●●（以下「甲」という。）と●●●●（以下「乙」という。）は，甲乙間の別居に伴い，次のとおり合意する。

1　甲及び乙は，離婚又は別居の解消までの間，当事者間の未成年の子

　●●（令和●年●月●日生）の監護者を乙と定める。

■ 解　説 ■

　この条項例は，これまでの離婚時の協議とは異なり，別居をする際の未成年の子の監護を甲乙のいずれが行うかを取り決める場合のサンプルです。離婚前は，双方に親権があるものの，いずれかが子どもと同居し身の回りの世話をすることとなるため，どちらが子の監護を行うかについて取り決めておく必要があります。別居の際の合意に関しては，監護者のほかに，婚姻費用についても合意することになります。婚姻費用の記載例については，条項例第5章を参照してください。

第2章 面会交流

条項例2-1 一般的な条項

※ 「甲」を非監護親，「乙」を監護親として記載しています。

　　乙は，甲に対し，甲が未成年者と面会交流することを認め，その具体的な時間，場所，方法等については，子の利益を最優先に考慮し，当事者間で協議して定める。

解　説

　この条項例は，別居している夫婦において，すでに面会交流を実施している，あるいは今後面会交流をすることが可能な事案において，もっともシンプルな取決めです。面会交流において対立関係が生じる場合は，①面会交流の頻度，②時間，場所，方法等の決め方，③事前協議の方法についても細かく定めておく必要が生じますが，そういった必要性が低い事案の場合は，上記条項例とすることが一般的です。

　頻度を定めるのであれば，「月1回程度」などと定めることがあります。子の体調不良などやむを得ない事情により面会交流が実施できない場合でも，「程度」の記載があれば条項違反とはなりません。なお，対立関係が強い場合，「程度」という記載は，非監護親からすれば，監護親が面会交流の機会を潜脱するのではないかと疑心暗鬼を生む場合があります。事案ごとにいずれが適切か検討する必要があります。

　また，頻度は「月1回程度」とする一方で，「やむを得ない事情で日程を変更する必要が生じたときは，乙は甲に対し，早期に連絡を行い，代替日について協議する。」などと定めることも有用と考えられます。

条項例2-2　宿泊を伴う面会交流

　　乙は，甲に対し，未成年者が春休みや夏休み等長期休暇期間中に，甲
　が未成年者と，1泊2日の宿泊を伴う面会交流することを認める。その
　具体的な時間，場所，方法等については，子の利益を最優先に考慮し，
　当事者間で協議して定める。

■ 解　説

　この条項例は，月1回程度の面会交流を実施することのほか，子の長期休
暇中においては宿泊を伴う面会交流の実施を合意したケースの例です。

　「長期休暇」は，春休みや夏休みのほか，年末年始はどうなのか，ゴール
デンウィーク期間はどうなのか，お盆休みはどうなのか，といった議論がな
される場合もあります。こういった期間は，互いに自身の親族（子から見た祖
父母等）にも子を会わせたいという希望が出やすく，しばしば対立が生じま
す。交流の主体に，父，母，子以外が加わると，対立が生じやすくなること
は否定できません。互いに譲り合えるのが望ましいですが，それが困難であ
る場合は，父，母，子を主体とする面会交流を検討するのが望ましいといえ
ます。

　宿泊を伴う面会交流が実施できる場合，行き先によって子の引渡場所を定
めておいた方がよいケースもあると思われます。

条項例2-3　プレゼントの取決め

　　乙は，甲に対し，未成年者の誕生日，クリスマス，進級等の特別な機
　会にプレゼントを渡すことを認める。

【対立関係が強い場合】

⑴　乙は，甲に対し，未成年者の誕生日，クリスマス，進級等の特別な

　　機会にプレゼントを渡すことを妨げない。

(2)　プレゼントの価額は，●円までとする。

■ 解　説

　この条項例は，非監護親が子に対し，プレゼントを渡す際の取決めのサンプルです。

　面会交流を実施するうえでは，非監護親において，監護親の監護方針を尊重する必要があります。面会交流のたびに物を与えることは好ましくありませんので，問題があるようであればプレゼントについて定めることも有用です。

　なお，子の喜ぶものをあげたいという考えは，監護親，非監護親とも共通することが多いですが，プレゼントが重複してしまう可能性もあります。そのため，できれば事前に，予定しているプレゼントを当事者双方で連絡しあうのが望ましいといえます。また，「もう準備してしまった」とならないよう，特に非監護親側は早めの連絡を取り合うことも必要ですので，事案によっては連絡方法の条項を定めておくことも有用です。

　他方，子の成長とそれに見合ったプレゼントとして何が適切か，という点が議論されることもしばしばあります。あまり制限的に条項を定めるとかえって柔軟性を欠くことにもなりかねませんので，例えば，「プレゼントの価額は3万円までとする。」などと定めておくという方法もあります。

条項例2-4　非監護親の親族が同席する場合

　乙は，甲に対し，甲の祖父丙が，前項の面会交流の際，未成年者に会うことを認める。

【親族の交流回数を制限する場合】

乙は，甲に対し，甲の祖父丙が，年2回，面会交流の際に未成年者に会うことを認める。

【親族の同席は認めるが，それ以外の第三者の同席を認めない場合】

　甲は，乙の承諾なく甲以外の第三者（甲の親族を除く。）を同席させない。

【非監護親に都度の承諾を求める場合】

　甲は，乙の承諾なく，甲の親族を面会交流に同席させない。

【対立関係が強い場合】

　甲は，乙の承諾なく，年に2回を超えて，甲の親族を同席させない。

■ 解　説 ■

　この条項例は，親族が面会交流に同席するケースを想定したものです。非監護親としては，自身の両親（子からみた祖父母）に孫の顔を見せたいという希望を持つことがあります。対立関係が強まっている場合，あるいはそうでなかったとしても，多くの場合，監護親は，自身の子と非監護親の親族との交流に消極的です。ですので，基本的には，監護親の了承を得られることが前提となります。

　次に，了承を得られたとしても，非監護親及びその親族に対する監護親の不信感を払拭するに越したことはありません。ですので，非監護親としては，交流の形が監護親に見えるよう努めることが望ましいといえます。その一環として，頻度を制限したり，都度の承諾を条件として，監護親への情報提供や予測可能性を与える工夫をすることも考えられます。

条項例2-5 未成年者が幼児の場合

1 （条項例2-1の条項）

2 甲及び乙は，未成年者の面会交流について，以下のとおり相互に確認する。

(1) 甲は，面会交流中に未成年者と食事をとる場合，未成年者の成長に合わせた適切な食事を与えることとする。

(2) 甲は，面会交流の内容（行き先，食事等）について，前日までに乙に伝える。

(3) 甲は，面会交流中，未成年者の言動にかかわらず，定期的にトイレに連れて行くようにする。

■ 解 説

　この条項例は，未成年者が幼児で，食事やトイレなどを十分に一人でできない場合の注意事項を明記したものです。

　食事については，未成年者が疾患を有しており，塩分や糖分を控える必要がある場合，アレルギーがあり食事を制限する必要がある場合もあります。それらの注意を怠ってしまうと，場合によっては生死にかかわる場合もありますので注意が必要です。リスクを回避したいのであれば，面会交流の時間は，食事の時間を避けるとか，監護親がお弁当など食事を事前に持たせるといった工夫も必要です。

　また，特別な疾患がない場合でも，幼児期は摂取を控えたほうがよいものが多くあります。

　子が幼い時期に別居生活が開始された場合，日々変化する子の状況について非監護親が把握しきれない事項が生じることもあります。子の状況は監護親から非監護親に情報提供するとともに，内容を明記することで監護親の安心が得られ，不安のない面会交流の実現に資することもあります。その観点で，本条項例のとおり規定することも有用です。

条項例2-6　心構えの明記

1　（条項例2-1の条項）

2　甲は，乙に対し，前項の面会交流において，以下を約束する。

　(1)　面会交流の日時，場所，方法及び内容について，甲と未成年者らの間でのみ約束しない。

　(2)　甲は，長男と二男に対し公平に接する。

　(3)　当事者双方は，合意内容を遵守し，未成年者らの面前で，互いに相手に対する非難等の言動，行動を厳に慎む。

解　説

　面会交流は，監護親，非監護親ともに，相手方へ配慮する考えがなければ円滑な実施はできません。確かに，離婚を決意している夫婦にとって信頼関係を構築することは容易ではありませんし，できることなら相手の顔も見たくないと思うのは自然な感情です。しかし，交流の機会を設けることは，子の成長に一定の寄与をもたらすことも考えなければなりません。そのためには，監護親，非監護親とも，相手方の状況を受け入れる姿勢を持つ必要があります。

　監護親は，日常的な成長を非監護親は見届けられないことに留意し，監護親として気にしている事項，情報を積極的に非監護親に提供することが望まれます。例えば，食事制限は，日常的に一緒に生活をしていない非監護親には分かりにくい事項です。面会交流を実施していない期間が長ければ長くなるほど子の関心事も変わっていくため，非監護親にはより一層，子の状況が分からなくなります。

　非監護親は，監護親の監護方針を尊重する意識を持つことが望まれます。面会交流で楽しい時間を過ごすことも重要ですが，監護親は，ときに言うことを聞かない子への対応（イヤイヤ期，思春期など），毎日の送り迎え，家事，仕事，通園・通学の準備，子の習い事と，非常に多くのことをこなしています。こういった日々の生活の中，面会交流の調整を行っています。

　また，双方とも，「子の意思」ばかりを理由にする主張については再考することを検討するのがよいといえます。しばしば，「子の意思」を理由に面会交流の充実を求めたり，制限したりといった対立が生じることがあります。「子の意思」を尊重することはもちろん必要ですが，一切合切について「子の意思」を理由付けに挙げる主張は，結果として対立関係を先鋭化させることが多々あります。

　互いの状況に配慮することが，円滑かつ早期の面会交流の実現には不可欠といえます。裁判所によっては，"「子の福祉の尊重」という文言に内包されている"として，心構えとしての条項を入れることに消極的な考えを示されることもありますが，重要なのは，当事者双方が面会交流に向けた基本的な心構えの共通認識を持つことです。この共通認識を持てていないのであれば，心構えの条項化を試みることは有用であるといえます。

　本条項例においては，子と非監護親が，監護親のあずかり知らぬところで約束を取り付けないことを記載していますが，これは裁判所が作成する「面会交流のしおり」にも同趣旨の記載があります（家庭裁判所「面会交流のしおり──子どもと会うときに」）。このほか，兄弟間で公平に接するであるとか，当事者が互いに非難しないなど，一見すると当たり前のことと映ると思いますが，対立関係が先鋭化しているときほど有用といえます。

条項例2-7　学校行事への参加

1　（条項例2-1の条項）
2(1)　乙は，甲が，未成年者の参観日や学校行事等（以下「行事等」という。）に参加することを認める。
(2)　行事等への参加は1回の面会交流と数え，行事等について，甲が参加する場合は乙が参加を控え，乙が参加する場合は甲が参加を控える。

　学校行事などへの参加に関する取決めも，面会交流の一環として協議されることが多くあります。この条項例は，非監護親が参加する場合のサンプルとなります。

　行事には，発表会，運動会，授業参観，入園・入学式，卒園・卒業式など様々です。学校行事のほか，習い事の行事（例えばピアノの発表会）を含めることもあります。非監護親からすれば，そのときどきの子の成長を見守りたいという思いがある一方，何の連絡もなく行事で非監護親と対面すると，監護親としては「聞いていない。」と紛争を招くことがあります。事前に連絡を取り合える関係性が築けていれば，あえて本条項を設ける必要はありませんが，面会交流の充実に消極的なケースにおいては，非監護親の参加可能な対象を明確にしておくことで，監護親の予測可能性に配慮することができると考えられます。

　なお，行事参加を認める場合，それを1回の面会交流と数えるのかどうかという議論がなされることがあります。条項例では，これを1回と数えることを前提としたものとしています。また，コロナ禍の影響により，参列できる保護者の数が制限されていることもあります。夫婦関係や親子関係にもよりますが，行事への参列は交代で行うなどの取決めができると紛争の激化を避けられる可能性があります。

条項例2-8　間接的面会（手紙と写真の送付）

　当事者双方は，次のとおり交流することを約束する。

(1)　乙は，甲に対し，甲が未成年者に手紙を送付することを認め，これを妨げない。

(2)　乙は，甲に対し，●か月に1回程度，上記未成年者の写真を送付するとともに，同人の近況報告の手紙を送付する。

解　説

　本条項は，直接の面会交流を実施することが困難な状況において，間接的面会交流を継続する場合の例です。

　何らかの理由で子が非監護親に対して消極的なイメージを持っている場合，あるいはその感情が強固な場合，直接の面会交流が実現できない場合があります。こういったケースでは，非監護親側が粘り強く子への関心を発信し続け，子がそれに応えてくれることを待たざるを得ない状況がしばしばあります。

　上記内容で合意をするにあたり，非監護親の言葉を子に届けることが重要ですので，監護親がこれを妨害することのないよう，「妨げない」という文言を入れることが有用です。また，子の情報がないまま手紙を送り続けることにも限界があります。そのため，監護親から非監護親に対し，子の成長に関する情報提供を行ってもらうことも重要です。

条項例2‐9　間接的面会（成績表の送付，メールやLINEの利用）

　当事者双方は，次のとおり交流することを約束する。

(1)　乙は，甲に対し，未成年者が高校を卒業するまでの間，各学期の終了時において，未成年者の成績表を送付する。

(2)　乙は，甲に対し，未成年者が高校を卒業するまでの間，可能な限り，未成年者の近況を撮影した写真を送付する。

(3)　乙は，甲に対し，未成年者の電子メールのアドレス及びLINEのIDを通知するとともに，甲と未成年者がこれらの通信手段を介して連絡を取り合うことを認める。

解　説

　この条項例は，東京高裁決定の主文（東京高決令元・8・23判時2442号61頁）を参考にしたものです。コロナ禍によるリモート通信利用が進んでいる現状

において，テレビ電話等の積極利用は検討してよい手段といえます。また，国境を越えた親子間の交流には，テレビ電話の利用をしなければやり取りができません。現在様々なSNSが普及していますので，当事者と子にとって使用しやすいSNSを利用してよいといえます。

　直接の面会交流を実施できるものの，コロナ禍のような外出を控える必要がある事情が存する場合は，代替手段として本条項例のような規定を設けておくのも有用です。

　なお，前記東京高決の事件は，従前は面会交流が実施できていたにもかかわらず，途中で実施できなくなったという事案です。当該決定では，「未成年者らは，抗告人との面会を強く拒否し，LINEでの連絡をも拒んでいるところではあるが，本来，可能な限り抗告人と未成年者らの交流の機会を確保することは，中長期的に見れば，子の福祉の観点からも望ましいことは論を俟たない」，「直ちに直接の面会を再開することは困難であるとしても，未成年者らとの関係修復を図るため，抗告人に対して，より簡便で効果的な連絡手段の利用を認める必要性が高いと考えられる」とし，他方で「もとより，抗告人においては，メッセージの送信によって，より未成年者らの反感を増すことのないよう，送信頻度やその内容については十分な配慮が求められる。」としています。

条項例2-10　代替日の設定

1　（条項例2-1の条項）
2　やむを得ない事由により面会交流が実施できないときは，当月，翌月又は翌々月のいずれかの日曜日に代替日をもうける。この場合，乙は，予定された日時に面会交流ができないことが判明した時点で速やかに，甲に対し，その旨及び代替日の候補日を伝えなければならない。

■ 解 説

　この条項例は，やむを得ない事由により予定していた面会交流が実施できない事態に直面したことを想定して規定する例です。

　面会交流の機会を待ち望んでいる非監護親からすれば，予定の面会が実施されない事態を受け入れるのが難しい場合があります。この場合，意図的に面会を遮断されているのではないかという不安に駆られる結果，その後の面会交流がスムーズに実施できなくなる可能性が生じてしまいます。こういった状況を回避するために，代替日の取決めを明記しておくことが有用です。

　他方，子が現実に体調不良となってしまった場合，監護親としては，自身を疑うより子の体調を心配してほしいという感情を持つのは自然なことです。非監護親としては，子の体調及び監護親の心情を理解することが必要ですし，監護親としては，子の状況を適切に非監護親に伝えるとともに，監護親の心情を踏まえ適切に代替日を伝えることが必要です。

条項例2-11　詳細な取決め例

　乙は，甲に対し，甲と未成年者が，以下の内容で面会交流することを認める。

(1)　日程，回数，場所，時間について

　ア　月に1回とし，毎月第2土曜日の午前10時から午後4時

　イ　場所は，甲の自宅以外の場所とし，未成年者の福祉を考慮して甲が定める。

(2)　方法

　ア　未成年者の受渡場所は，乙の自宅以外とし，当事者間で協議して定める。協議が調わないときは，JR●駅東口改札付近とする。

　イ　乙は，面会交流開始時に，受渡場所において，未成年者を甲に引き渡す。

　ウ　甲は，面会交流終了時に，受渡場所において，未成年者を乙に引

き渡す。

　　エ　乙は，未成年者を受け渡す場面の他，甲と未成年者の面会交流に
　　　　は立ち会わない。

(3)　（学校行事）

(4)　（代替日）

■ **解　説** ■

　この条項例は，間接強制を認めた最高裁決定（最一小決平25・3・28民集67巻
3号864頁）をもとにしたものです。

　最高裁判所は，面会交流の内容が具体的に定められ，監護親がすべき給付
の特定に欠けるところがないといえる場合は，間接強制決定をすることがで
きると判断しました。内容としては，①面会交流の日時又は頻度，②各回の
面会交流時間の長さ，③子の引渡しの方法等を具体的に特定しておくことに
なります。

　なお，詳細な定めをおくことは，かえってスムーズな面会交流の実施を阻
害する場合もあります。対立関係が深刻で，抽象的規定に安易に留めること
を避けるべき事情が存する場合（例えば，当事者の協議に委ねたのでは面会交流実
施に向けた調整が図れないなど。）や，明確にしたほうが双方当事者としてかえっ
てスムーズだといえる場合は，詳細な規定を設けることも有用と考えられま
す。

条項例2-12　別居期間中の合意

※　「甲」を非監護親，「乙」を監護親として記載しています。

1　甲と乙は，当分の間，別居する。

2　乙は，当事者間の未成年者を監護養育する。

3　乙は，甲に対し，甲が未成年者と面会交流することを認め，その具体的な時間，場所，方法等については，子の利益を最優先に考慮し，当事者間で協議して定める。

解　説

　面会交流について定める民法766条は，「父母が協議上の離婚をするときは」と規定していますが，離婚成立前であっても面会交流に関する取決めをすることができることはもちろん，協議が調わない場合は家庭裁判所が面会交流に関する事項を定めることができるとされています（766条の類推適用）。

　この条項例は，離婚は成立しないものの，当面別居することに合意し，その間の面会交流について定めるものです。

　面会交流に関する条項をどの程度詳細に定めるのか，何を取り決めるのかという点については，双方の対立関係を考慮して検討することとなります。

条項例２-13　面会交流において第三者機関（面会交流支援団体）を使う場合

1　（条項例２-１の条項）

2　前項の面会交流においては，第三者機関（●●●）の受渡型サポートを利用するものとし，それに要する費用を以下のとおり負担する。

⑴　１回あたりの利用料金については，甲３分の１，乙３分の２の割合でそれぞれ負担する。ただし，100円未満の端数については，甲が負担する。

⑵　年会費については，当事者双方がそれぞれ負担する。

⑶　受渡後の交通費，飲食費及び施設利用料等の実費については，甲がいずれも負担する。

▓ 解　説 ▓

　この条項例は，甲（例えば，父）と乙（例えば，母）が面会交流について，第三者機関を利用する合意ができた場合のサンプルです。

　第三者機関とは，面会交流に関する支援を行っている団体で，全国にありますが，存在しない都道府県もあります。詳しくは，法務省が一覧表を作成しておりますので，法務省ウェブサイト「親子交流支援団体（面会交流支援団体）について」をご参照ください。

　父母が高葛藤で，当事者のみでは面会交流の実施が難しい場合があり，そのような場合に検討することになります。

　ただし，筆者の主観ですが，時間変更，条件の変更への対応ができないことが多い等，柔軟性がないため，使い勝手が良いとは言い難いことが多く，当事者同士が高葛藤の場合でも，親族の協力を得るなどして面会交流を実施できればそのほうが望ましいとは思います。

　第三者機関を使用する場合には，トラブル防止のため，条項例のように，年会費，実費等の費用負担をどうすべきかを細かく決めておくのが良いでしょう。

第3章 財産分与

第1 金銭支払

条項例3-1　金銭支払 —— 指定口座への入金

　　甲は，乙に対し，財産分与として●万円を，令和●年●月末日限り，乙名義の●銀行●支店の普通預金口座（口座番号●●）に振り込む方法により支払う。振込手数料は甲の負担とする。

【入金先がゆうちょ銀行の口座の場合】

　　甲は，乙に対し，……ゆうちょ銀行の乙名義の通常貯金口座（記号●，番号●，他行からの振込みの場合，店名●，普通預金口座，口座番号●●）に振り込む方法により支払う。振込手数料は甲の負担とする。

■ 解　説 ■

　この条項例は，財産分与として金銭を一括して支払う，支払方法は銀口座へ入金する方法を取ったもので，裁判手続でも規定される一般的な記載です。財産分与は，夫婦に内在していた権利義務の顕在化であることから，支払義務を確認する旨の文言は不要です。

　入金先の口座を，「乙の指定する口座」とのみ記載するケースも見受けられますが，その記載の場合，合意後に当事者間のやり取りが生じます。なるだけ当事者間でのやり取りを避ける（ひいては無用の紛争を避ける。）ことを企図するのであれば，事後で連絡した方が都合がよい事情がない限り，始めから具体的な口座情報を明記しておくことが望ましいといえます。

　なお，婚姻契約における財産分与の取決めは条項例8‑6，内縁解消による財産分与は条項例9‑3を参照してください。

条項例3‑2　金銭支払 —— 手交，支払済みの確認

　　甲は，乙に対し，財産分与として●万円を，((場所)の席上にて)支払い，乙はこれを受領した。

■　**解　説**

　特定の場所で席上交付を行った場合，あるいは支払を適宜の方法で行い，権利者がこれを受領した場合の条項例です。

条項例3‑3　金銭支払 —— 分割払い

　　甲は，乙に対し，財産分与として●万円を，以下のとおり分割して，乙名義の●銀行●支店の普通預金口座（口座番号●）に振り込む方法により支払う。振込手数料は甲の負担とする。
　　(1)　令和●年●月末日限り　　●万円
　　(2)　令和●年●月から令和●年●月まで　毎月末日限り　　●万円ずつ

【参考（懈怠約款）】

1　（上記の条項）
2　甲が，前項(1)の分割金の支払を怠ったとき，又は，前項(2)の分割金の支払を2回以上怠り，その額が●万円に達したときは，当然に前項(1)及び(2)の期限の利益を失い，甲は，乙に対し，前項の財産分与●万円から既払金を控除した残額及びこれに対する期限の利益を失った日の翌日から支払済みまで年3分の割合による遅延損害金を支払う。

■ 解　説

　財産分与としての支払につき，分割払いにて合意する場合の条項例となります。

　総額の確認と，具体的な支払をいつまでに行うのかを明記することになります。事案によっては，初回にまとまった金額を支払うこともあれば，毎月定額で初回あるいは最終回のみ端数を処理することもあります。また，総額の多寡や義務者の支払能力によっては長期分割となり，その間に子が成人し養育費として支払っていた相当額を財産分与の支払に回すことができるようになるといった事情も生じるでしょう。それぞれの事案に合わせて前記⑴⑵を組み合わせて定めることが有用です。

　なお，分割の場合は次項に懈怠約款を入れるのかどうか，入れるとした場合に期限の利益を喪失する条件（遅滞の回数や金額）をどうするか，事案によって検討する必要があります。

条項例3‐4　金銭支払 —— 当事者死亡までの扶養

　甲は，乙に対し，財産分与として，令和●年から当事者の一方が死亡した日の属する月まで，毎月●万円を，毎月末日限り，乙名義の●銀行●支店の普通預金口座（口座番号●）に振り込む方法により支払う。振込手数料は甲の負担とする。

■ 解　説

　この条項例は，合意後，当事者の一方が死亡するときまで金銭の支払を約束するものです。期間を終身とした場合，財産分与の性質としては扶養的要素が強調されることになります。

　扶養的要素は，離婚後の権利者の生活保障を基礎とするものですので，婚姻期間，再婚可能性，当事者の年齢，有責性等諸般の事情を考慮して，不合理な取決めとならないよう注意が必要です。

第3章　財産分与

条項例3−5　金銭支払――合意後に支給される金員を支払う場合

【退職金を原資とする場合】

　甲は，乙に対し，財産分与として●万円を分与することとし，甲が●から退職金の支払を受けた月の翌月末日限り，乙名義の●銀行●支店の普通預金口座（口座番号●）に振り込む方法により支払う。振込手数料は甲の負担とする。

【保険満期金を原資とする場合】

　甲は，乙に対し，●保険（証券番号●）の満期金を，受領後速やかに，乙名義の（以下省略）。

解　説

　この条項例は，合意時に現金化されていない財産を，合意後に支払うことで合意するケースにおける例です。

　現実的な支払を早期に受けたいという権利者の要望と，とはいえ現実的な支払も困難であり，支払を待ってもらいたいという義務者の要望の折り合いをどう図るかという問題です。

　財産分与において，直ちに現金化されない退職金が分与額を高額にする場合もあり，退職金支給時にしか支払うことができないこともあります。保険については，同居期間中に子のために積み立ててきた保険商品として離婚後も保持し，商品価値を高く維持したまま満期を迎えることで支給を受けるという方法を希望する当事者もいます。

　条項化する際は，支払期限を明確にしておく必要がありますが，早期解決との関係でどの程度まで明確にできるかを検討する必要があります。

条項例3‐6　金銭支払──第三者による連帯保証

1　（条項例3‐1の条項。支払合意）

2　丙は，乙に対し，甲の前項の債務について，連帯して保証する。

【保証債務が分割債務の場合】

3　甲及び丙が前項の支払を2か月分怠ったときは，当然に期限の利益を失い，甲は，乙に対し，その残金を直ちに支払う。

■ 解　説

　この条項例は，義務者の債務につき第三者に連帯保証してもらう場合の例です。義務者が資力に乏しい場合，例えば義務者の親族に支払の協力を求めることが可能であれば，早期解決の道が開かれる場合があります。

第2 不動産等

条項例3-7　不動産 —— 共有持分の譲渡

1　甲は，乙に対し，令和●年●月●日，財産分与として，別紙物件目録（省略）記載の不動産の甲の共有持分全部を分与する。

2　甲は，乙に対し，前項記載の日付での財産分与を原因とする甲の共有持分全部移転登記手続をする。登記手続費用は，乙の負担とする。

■ 解　説 ■

　この条項例は，分与対象である不動産が共有であった場合の記載です。登記原因（財産分与）とその日付を明記する必要があります。

条項例3-8　不動産 —— 反対給付としての金銭支払

1　甲は，乙に対し，財産分与として，別紙物件目録（省略）記載の不動産を分与することとし，甲は，乙に対し，本日付け財産分与を原因とする所有権移転登記手続をする。ただし，登記手続費用は，乙の負担とする。

2　乙は，甲に対し，財産分与として，●万円を，令和●年●月末日限り，甲名義の●銀行●支店の普通預金口座（口座番号●）に振り込む方法により支払う。振込手数料は乙の負担とする。

■ 解　説 ■

　一方配偶者が不動産を分与しその登記手続をし，他方配偶者が金銭を支払う形で清算を行う場合，諸事情を考慮し，移転登記手続と金銭支払は同時履行すべきとする裁判所の判断があります（東京高判平10・2・26家月50巻7号84頁）。上記条項例は，この判断を前提とする記載です。

条項例3−9　不動産 —— 金銭支払の先履行

1　乙は，甲に対し，財産分与として●万円を，令和●年●月末日限り，甲名義の●銀行●支店の普通預金口座（口座番号●）に振り込む方法により支払う。振込手数料は乙の負担とする。

2　甲は，乙に対し，財産分与として，本日，別紙物件目録（略）記載の不動産を分与する。

3　甲は，乙に対し，第1項記載の金員の支払を受けたときは，前項の不動産につき，本日付け財産分与を原因とする所有権移転登記手続をする。ただし，登記手続費用は乙の負担とする。

■ 解　説 ■

　この条項例は，移転登記手続よりも金銭支払を先履行とした場合の記載です。また，本条項例第3項に「第1項記載の全員の支払を受けたときは」という文言により金銭支払が先履行であることを明らかにしています。個別具体的な事案に合わせて，同時履行とするのか，先履行とするのかを検討することとなります。

条項例3−10　不動産 —— 非現住者へ名義変更，現住者が明渡し

※　現住者を甲，非現住者を乙

1　甲は，乙に対し，財産分与として，本日，別紙物件目録（省略）記載の不動産を分与する。

2　甲は，乙に対し，令和●年●月末日限り，前項記載の不動産から退去し，これを明け渡す。

第3章　財産分与

■解　説

　この条項例は，不動産に居住している配偶者が，別居している他方配偶者に対して不動産を分与する場合の記載です。現住者の転居を伴う合意内容となりますので，退去・明渡日を明記しておく必要があります。

　なお，従前同居宅内に残置された物の処理が問題になることもあります（この点については条項例3-13を参照）。

条項例3-11　不動産——非現住者名義のまま，現住者が明渡し（猶予期間中は使用貸借）

※　現住者を乙，非現住者を甲

1　甲は，乙に対し，本件不動産の明渡しを，令和●年●月末日まで猶予する。ただし，猶予期間中の本件不動産の維持費は，甲の負担とする。
2　乙は，甲に対し，令和●年●月末日限り，本件不動産から退去し，これを明け渡す。

■解　説

　別居している夫婦ではしばしば，夫が別居し，妻と子が夫名義の持ち家に居住しているという事案があります。このとき，妻のほうが収入が低い結果，不動産を取得するにも残ローンを支払うことが困難である場合，不動産そのものを分与することができないこととなります。そこで，不動産は夫が取得するものの，離婚後一定期間においては引き続き妻と子の居住を認め，一定期間経過時に妻と子が退去する，という方法で解決を図ることが有用な場合があります（なお，夫が取得する代わりに，もらいすぎる価値分は金銭で清算する必要があります。）。

　この場合，明渡しをいつまで猶予するのか，その期間を明記する必要があ

ります。例えば子の卒業時（子の年齢によって，小学校，中学校，高校，大学のいずれかの卒業時）であるとか，離婚後半年から1年の期間などを目安にするのが有用と考えられます。

　この条項例では，賃料の負担は求めないものとしていますが，これを求める場合は下記条項例3－12のとおりです。

条項例3-12　不動産──非現住者名義のまま，現住者が明渡し（猶予期間中は賃貸借）

※　現住者を乙，非現住者を甲

1　甲は，乙に対し，本件不動産を，本日，次の約定で賃貸し，乙はこれを賃借する。
　(1)　使用目的　居住用
　(2)　賃貸借期間　期間の定めなし
　(3)　賃料　月額●万円
　(4)　支払方法　毎月末日限り，当月分の賃料を振り込む方法により支払う。
2　乙は，甲に対し，本件不動産の当月分の賃料として，月額●万円を，毎月末日限り，甲名義の●銀行●支店の普通預金口座（口座番号●）に振り込む方法により支払う。振込手数料は乙の負担とする。
3　乙は，本件不動産の電気及び水道料金等の水道光熱費を自らの負担で支払う。
4　乙は，甲に対し，本件不動産を居住目的以外に使用すること，第三者に使用収益させること，賃借権を第三者に譲渡しないことを約束する。
5　乙において以下のいずれかの事由に該当する行為があったときは，甲は乙に対し，何らの通知催告を要せず，第1項の賃貸借契約を解除

することができる。

⑴　第2項記載の賃料を2回以上怠り，その滞納額が●万円に達した
　　とき。

⑵　第3項又は第4項に違反したとき。

⑶　退去に要する相当期間が経過したとき。

■　解　説　■

　この条項例は，前記条項例3－11と異なり，明渡猶予期間において賃料の
負担を求める場合の記載です。

　建物の賃貸の場合は借地借家法の適用が問題になります。猶予期間中はす
でに離婚が成立している前提ですので，賃貸借期間を長くすることはできる
だけ避けたほうがよいでしょうが，他方で，1年未満の賃貸借期間は期間の
定めないものとされます。そのため，期間の定めはなしとした上で，「相当
期間経過」を明記しています（本条項例5項3号）。また，期間満了時に賃貸
借を終了するためには正当事由のある更新拒絶事由も必要となるため，その
他終了事由も明記しています。

条項例3-13　不動産明渡後の残置物の処理

1　甲は，本件不動産退去時に，本件不動産内に残置した物品の所有権
　を放棄する。

2　残置物の処分費用は，甲と乙で折半して負担する。

■　解　説　■

　離婚前に別居生活を開始した夫婦において，同居宅に残置した別居配偶者
の荷物をどうするのか，しばしば議論になることがあります。細かい事項で
はあるものの，離婚後に相手配偶者の物品を処分したことをきっかけに所有

権侵害云々と紛争が違う形で再燃することがあるため，離婚合意時に所有権放棄を明記することが有用と考えられます。

この条項例では，処分費用を折半としていますが，いずれがどの程度負担するかについては事案によって検討を要する部分といえます。

条項例3-14 不動産 ── 連帯債務，連帯保証債務関係の処理

※ 甲が不動産を分与する者，乙が不動産の分与を受ける者

1 （条項例3-8の1の条項。分与の合意）
2 乙は，甲に対し，本件不動産について設定された抵当権の，甲を連帯債務者（又は連帯保証人）とする被担保債権につき，甲を連帯債務者（又は連帯保証人）からはずし，乙の単独債務となるよう金融機関と交渉することを約束する。

第3章 財産分与

■ 解 説 ■

この条項例は，共働き世帯など，夫婦で債務負担をしている場合において，離婚に伴い債務の名義を単独化するための記載です。

結果的には金融機関の与信判断如何ですので，離婚協議段階で事前に金融機関に債務の単独化ができるのか，融資の仮審査，単独化のために必要となる準備事項の有無について相談しておくとスムーズです。

なお，与信を得られるかどうかは不確実な要素ですので，文言としては約束条項となります。また，結果的に与信を得られない場合は，離婚後しばらくは債務を単独化することができませんので，最終的に不動産の所有権を単独取得する者が責任をもって弁済をしていく必要があります。

条項例3-15　不動産 —— 住宅ローン完済を条件とする譲渡

(1)　当事者双方は，別紙物件目録（省略）記載の不動産（以下「本件不動産」という。）の購入資金として，●銀行を貸主，甲を借主とする令和●年●月●日付け金銭消費貸借契約に基づく残債務全額（以下「本件借受金」という。）につき，令和●年●月（合意月）以降の各月の返済金について，乙が，甲に対して，甲名義の●銀行●支店の普通預金口座（口座番号●）に振り込む方法により負担することを相互に確認する。

(2)　甲は，乙に対し，本件借受金の完済を条件として，財産分与として，本件不動産を譲渡する。

(3)　甲は，乙に対し，乙が本件借受金を完済するまで，本件不動産を第三者に売却，分筆，担保に供する等一切の処分行為を行わないことを約束する。

(4)　当事者双方は，本件不動産に賦課される公租公課について，乙が負担することを相互に確認する。

(5)　甲は，前記(4)を踏まえ，納税管理人を乙に変更することを承諾する。

解　説

　この条項例は，不動産の名義人でない者が不動産を取得するケースにおいて，与信を得られない結果，離婚後一定期間において，不動産取得者が，名義人の通帳に返済金を入金する方法で支払を継続する場合の記載です。例えば，妻が夫名義の不動産の分与を受けることで合意が成立する一方，与信を受けることはできず，完済まで引き続き夫名義の弁済用通帳に入金をするというものです。

　離婚した夫婦において，元夫からすれば，通帳が適切に使用されるか，元妻からすれば，入金する預金を不当に引き出されないかなど，様々な不安要素が残るものの，これを解消することもできないという現状のなかでの合意です。そのため，双方の納得を得ることが容易ではないケースが多いものと

なります。この点は，下記条項例3-16と合わせて解決を考えることが有用
です。

　なお，固定資産税の通知は原則として不動産の名義人宛に発送されるため，
納税管理人を変更しておくことで，税金の不払いを回避することが可能とな
ります。

条項例3-16　不動産 —— 住宅ローン完済までの確認事項

※　甲が，不動産を分与する者かつ債務の名義人，

　　乙が，不動産の分与を受ける者かつ債務の負担者

1　（条項例3-15の条項。完済条件付きの不動産分与。）

2(1)　甲は，乙に対し，本件借受金の金利の見直しにより，毎月の返済
　　　額に変更が生じた場合は，速やかにこれを連絡することとし，甲の
　　　もとに届く毎年の返済予定表を遅滞なく乙に送付する。

(2)　乙は，本件借受金の支払につき，繰上げ返済や借換え等を行い，
　　令和●年●月末日までに完済することとする。

(3)　乙は，甲に対し，本件借受金の返済のために使用する甲名義の通
　　帳を，本件借受金完済後，速やかに返還する。

(4)　甲は，乙が本件借受金の支払を行う目的で，前記(3)記載の通帳を
　　使用している期間中，当該口座を凍結する等，利用停止の手続をし
　　ないことを約束する。

(5)　乙は，前記(3)記載の甲名義の通帳を，本件借受金の支払目的以外
　　に使用しないことを約束する。

第3章　財産分与

解　説

　前記の条項例3-15の解説にも記載しましたが，住宅ローンの完済を条件
とする不動産の分与は，やむを得ず離婚後の不安要素を残すこととなります。

これをなるだけ払拭するために，返済に向けた心構えや，返済用の通帳管理について明記しておくことも有用です。この条項例は，そのような不安を払しょくするための一助として明文化するものです。

条項例3-17　太陽光パネル設備の分与

1　（不動産の分与の条項）

2(1)　甲は，乙に対し，当事者間の離婚に伴う財産分与として，本件不動産に設置されている太陽光パネル設備（設備ID●）を譲渡する。

(2)　甲は，乙に対し，前記(1)のために必要な手続に協力する。

3(1)　甲は，売電契約者名義を，甲から乙に変更する手続をすることとし，乙は，甲に対し，名義変更手続に協力する。

(2)　当事者双方は，売電契約の名義変更手続において，以下の書類が必要となることを確認し，手続時には遅滞なく準備を進めることとする。

　　ア　●

　　イ　●

(3)　当事者双方は，売電契約によって生じた利益が乙に帰属することを確認する。

■ 解　説

　太陽光発電を始めるためには，経済産業省に事業計画認定申請を行う必要があります。婚姻中に太陽光発電設備を設置し，離婚時にこれを他方配偶者に譲渡する場合は，認定された事業計画の変更手続が必要となります。また，太陽光パネルは，建物付属設備として認められていないため，分与の際は，建物と別に明示することが必要となります。発電の規模（家庭用なのか投資物件用なのかなど）や法改正によっても必要書類が異なると考えられますが，少

なくとも，①不動産登記簿（所有権移転登記済みのもの），②太陽光パネル設備を分与する旨を明記した公正証書，調書，離婚協議書，③当事者双方の印鑑証明書，④離婚届受理証明書などが必要となります。

　また，太陽光パネルそのものの分与のほか，売電契約の名義変更も必要となります。これに伴い，売電による利益の帰属を明記することも重要となります。

条項例3‑18　住宅ローンの併存的債務引受け

1　甲と乙は，別紙物件目録記載の本件不動産に関する○○銀行株式会社を債権者，甲を債務者とする○年○月○日付金銭消費貸借契約に基づく残債務○○○円について，甲に支払義務があることを確認する。
2　乙は，甲に対し，前項記載の残債務○○円を併存的に引き受けることを約束する。

■解　説■

　この条項例は，離婚に伴い，夫（甲）のみが住宅ローン等の債務者になっている場合に，妻（乙）も債務者として負担させることを想定しています。

　夫名義の住宅に妻が住み続ける場合に妻に一定の負担（特約を交わさない限り，民法の連帯債務の規定に沿い2分の1）をさせるために併存的債務引受け（民470条）が用いられることがあります。

　注意点としては，併存的債務引受けの場合も，債権者（金融機関）の承諾が必要となる点です（同条3項）。もっとも，債権者（金融機関）にとって債務者が増えることは履行確保の観点から望ましいため，承諾を得られないということは少ないように思います。

　ともあれ，承諾が法定の要件ですので，金融機関に合意前に打診しておくことは必須です。

　なお，負担部分の割合を特に決めない場合は，夫は支払った住宅ローンの

２分の１を妻に求償することが可能になります（民442条１項）。

条項例3–19　住宅ローンの免責的債務引受け

1　乙は，甲に対し，本件離婚に伴う財産分与として，別紙物件目録記載の不動産（以下「本件不動産」という。）について，乙の持分２分の１全部を譲渡し，本日付け財産分与を原因とする乙持分全部移転登記手続をする。登記手続費用は，甲の負担とする。

2　甲と乙は，本件不動産に関する○○銀行株式会社を債権者，甲及び乙を債務者とする○年○月○日付金銭消費貸借契約に基づく残債務○○○円について，甲と乙が連帯して支払義務があることを確認する。

3　甲は，乙に対し，前項記載の残債務○○○円を免責的に引き受ける。

4　甲は，乙に対し，前項記載の残債務が甲の単独債務となるように○○銀行株式会社と交渉することを約束し，交渉の結果を速やかに乙に報告する。

■　解　説

　この条項例は，離婚に伴い，夫（甲）と妻（乙）の双方が住宅ローンの連帯債務者となっており，共有持分を有する場合に，以後の住宅ローンを甲が引き受け，乙の持ち分を取得する場合を想定しています。

　これは，法的には，免責的債務引受け（民472条）になります。

　債権者（銀行等），債務者（妻＝乙），引受人（夫＝甲）の三者間の契約による場合（同条２項），債務者と引受人が契約し，債権者が引受人に承諾することでも，免責的債務引受けは可能です（同条１項・３項）。

　注意点としては，必ず，債権者（銀行等）の承諾が必要となることです。そのため，合意前に必ず，債権者（銀行等）に話を通しておき，債権者が承諾をするかどうかを確認しておくべきです。

なお，仮に，金融機関の承諾を得られなかった場合も，当事者間ではこの条項は有効ですから，万が一，乙が金融機関の求めに応じて債務を支払った場合は，乙は甲に求償することが可能です。

条項例3-20　住宅ローンの履行引受け

1　甲は，乙に対し，財産分与として，別紙物件目録記載の不動産を分与する。

2　甲は，乙が別紙債務目録記載の○○銀行株式会社に対する○年○月○日現在の残債務○○万円を完済したときは，前項の不動産につき，同債務を完済した日を財産分与の日付とし，財産分与を原因とする所有権移転登記手続をする。登記手続費用は，乙の負担とする。

3　甲は，乙に対し，前項の財産分与を原因とする所有権移転登記請求権の仮登記手続をする。仮登記手続費用は，乙の負担とする。乙は，甲が○○銀行株式会社に負担する別紙債務目録記載の○年○月○日現在の残債務○○○万円の履行を引き受ける。

解　説

この条項例は，離婚に伴い，住宅ローン付の夫（甲）単独名義の不動産について，妻（乙）が以後の住宅ローンの履行を引き受け，完済後に移転登記を行うということを想定しています。

履行引受けは，民法には規定はありませんが，第三者が債務の弁済を認められる場合（民474条参照）には，履行引受けも認められるとされています。

履行引受けは，甲と乙の合意で可能な点で，金融機関の承諾が必要な免責的債務引受け，併存的債務引受けとは異なります。

また，甲乙間の合意に基づく契約責任が生じる点で，単なる第三者の弁済（民474条）とは異なります。

なお，金融機関は，住宅ローン完済後でなければ，移転登記を認めないた

め，移転登記がかなり先のことになってしまうことが考えられます。そのため，仮登記を行うことも検討すべきで，この条項例は，仮登記を行うことを想定しています。

条項例3-21　妻が住宅ローンを支払い続けて住宅ローン完済後に妻に分与する場合

1　乙は，乙が現在居住する別紙物件目録記載の不動産（以下「本件不動産」）に関する甲を債務者とする下記住宅ローンについて，●年●月以降，甲に代わって，その全額を約定どおり返済することを約束する。

【住宅ローンの表示】

　　債権者　　　：●●銀行株式会社

　　契約番号　　：●●●●●●●

　　当初借入日　：●年●月●日

　　当初借入額　：●●●●万円

2　甲は，乙に対し，本和解成立日以降，第1項に基づいて乙が本件住宅ローンの支払を滞りなく行っている間，本件不動産に乙が無償で居住することを認める。

3　乙は，甲に対し，第1項に基づく住宅ローンの支払を乙が2回以上怠り，その額が●万●円に達した場合には，本件不動産から速やかに退去することを約束し，かつ，甲が，本件不動産を売却し，同売却代金を本件住宅ローンの返済に充てることに異議を述べない。

4(1)　甲は，乙に対し，第1項に基づいて乙が本件住宅ローンを完済したときは，その完済の日以降速やかに財産分与として，本件不動産を分与する。

　(2)　甲及び乙は，上記(1)に基づく本件不動産の財産分与を原因とする所有権移転登記手続を協力して行うことに合意する。なお，登記手

　続費用は乙の負担とする。

　(3)　甲は，乙に対し，上記(2)に基づく本件不動産の所有権移転登記手
　　　続が完了した日までの間，本件不動産に関する固定資産税等の公租
　　　公課を負担することを約束する。

5　甲は，乙が請求した場合には，本件住宅ローンに関する情報（残
　ローン額その他乙が本件住宅ローンに関し求める情報をいう。）を速
　やかに乙に開示することを約束する。

■ 解　説 ■

　この条項例は，夫（甲）名義の不動産を，妻（乙）が，以後の残ローンを
支払い，完済後に，財産分与として妻が取得するという事案のものです。

　本件は，ローン契約の内容を変更することなく，事実上，妻が夫の債務を
夫の債務として支払うというものです。法的な位置付けは，「第三者の弁済」
であり，債権債務関係には何らの変動は生じません。

　妻がローンの支払を怠ったときは，債権者は契約上の債務者である夫に対
し，支払の請求をすることになり，夫が支払わないときは，抵当権が実行さ
れるなどで妻は住居を失う可能性が高くなります。

　その点を妻側が重々承知した上でなければ，本件の条項例のような合意を
すべきではありません。

　また，妻が住宅ローンを支払うことになるものの，飽くまでも債務者は夫
なので，住宅ローンの残額等の情報は，債権者の銀行等からは夫にのみ通知
されます。そのため，妻が情報を把握できるようにするため，第5項のよう
な約束条項を入れておくことが望ましいでしょう。

　夫婦間の信頼関係が全くないという事案の場合には，トラブルになること
が強く予想されるため，不動産の財産分与においては，売却を前提に考える
のが望ましいという点は，夫が残ローンを継続して支払い続けるという場合
と同様です。

条項例3-22 夫が住宅ローンを支払い続けて住宅ローン完済後に妻に分与する場合

---

1 甲は，乙が現在居住する別紙物件目録記載の不動産（以下「本件不動産」）に関する甲を債務者とする下記住宅ローンの残金（令和●年●月●日現在，金●●●万●●●円）について，これを責任をもって支払う。

【住宅ローンの表示】

 債権者　　　　：●●銀行株式会社

 契約番号　　　：●●●●●●●

 当初借入日　　：●年●月●日

 当初借入額　　：●●●●万円

2 甲は，乙に対し，前項記載の住宅ローンを完済したときは，その完済の日以降速やかに，財産分与として，乙の居住する建物を分与することとし，同建物の財産分与を原因とする所有権移転登記手続は，当事者双方が協力して行う。

3 本件不動産の所有権移転登記の手続に伴う司法書士その他費用は，乙が負担する。

▓ 解 説 ▓

　この条項例は，夫（甲）名義の不動産を，夫が残ローンの完済後に財産分与として妻（乙）が取得するという事案のものです。

　本来の住宅ローンの契約どおりに，債務者である夫が，債権者である銀行等に弁済するものです。

　ただし，夫が住宅ローンの債務を履行しない場合には，妻は債権者には対抗できないため，結果として妻は住居を失い，損害賠償で対応するほかないという点には留意しなければなりません。

　夫は残ローンを継続して支払い続けるという点に強い疑念があるような事案の場合には，売却を前提に考えるというのが望ましいでしょう。

条項例3−23 代償金を支払って不動産を取得する場合

1 甲は乙に対し，財産分与として，別紙物件目録記載の不動産（以下
「本件不動産」）を譲渡する。ただし，乙は，甲を債務者とする下記住
宅ローンの残金（令和●年●月●日現在，金●●●万●●●円（注：
合意日の金額））を令和●年●月末日までに，責任をもって完済し，
その旨を速やかに甲に通知するものとする。

【住宅ローンの表示】

　　債権者　　　：●●銀行株式会社

　　契約番号　　：●●●●●●●

　　当初借入日　：●年●月●日

　　当初借入額　：●●●●万円

2 甲は，乙の上記住宅ローンの返済に関し，以下の手続を履行し協力
する。

　⑴　上記銀行への繰上げ返済の通知及び繰上げ返済の手続

　⑵　上記銀行からの繰上げ返済後の抵当権抹消登記手続に必要な書類
の受領

　⑶　上記銀行から受領した上記⑴⑵関係その他の書類の銀行への提出

3 甲は，本日，乙（乙指定の司法書士）に対し，本件不動産について
の甲の住所変更登記，抵当権設定登記抹消登記，所有権移転登記等
（以下「所有権移転登記等」という。）に必要な書類を交付し，乙はこ
れを受領した。

4 本件不動産の所有権移転登記手続に伴う司法書士費用その他諸費用
は，乙が負担する。

5 本日以降に支払期が到来する本件不動産に関する一切の費用（固定
資産税，管理費，修繕積立金その他一切の費用）は，乙が負担する。

6 甲は，乙に対し，上記諸費用の支払や引落口座の切換に必要な書類
の作成交付に応じるなど，乙に協力する。

7 甲は，乙に対し，本件不動産の所有権移転登記完了後，速やかに本

第3章　財産分与

件建物の火災保険切換手続に協力する。

8　甲は，本日，本件不動産に存在する全ての動産・造作の所有権を放
　棄する。

9　甲は，乙に対し，本件不動産の所有権移転登記手続完了後，速やか
　に甲が保有する本件不動産の鍵2本を引き渡す。

10　上記移転登記手続完了を条件として，乙は，甲に対し，本件財産分
　与の代償金として，金300万円の支払義務があることを確認し，これ
　を令和●年●月限り，甲が指定する口座に振り込む方法により支払う。
　ただし，振込手数料は，乙の負担とする。

■ 解　説 ■

　この条項例は，夫（甲）名義の不動産を妻（乙）が，残ローン及び代償金
300万円を支払うことにより財産分与として取得するという事案のものです。

　不動産の財産分与においては，残ローンの返済や登記，代償金の支払等，
複雑になることも多いので，トラブルを防ぐ観点から，できるだけ細かく取
り決めることが望ましいです。

　上記の条項例では，ローンの返済手続（2項），登記手続に関しての書類の
授受（3項），司法書士の費用の負担者（4項），固定資産税等の費用の負担者
（5項），残置物の所有権放棄（8項），鍵の返却（9項）等を取り決めています。

条項例3-24　物件目録──土地建物（戸建て）

物件目録

1　所　　在　　福岡市博多区博多駅前●丁目

　　地　　番　　●番●

　　地　　目　　宅地

　　地　　積　　●．●平方メートル

```
2  所    在    福岡市博多区博多駅前●丁目●番地●
   家屋番号      ●番●
   種    類    居宅
   構    造    鉄筋コンクリート造陸屋根2階建
   床 面 積    1階  ●．●平方メートル
              2階  ●．●平方メートル
```

解 説

　財産分与の対象が戸建ての土地建物の場合の記載例です。物権変動の対象を明らかにするための項目を記載します。土地の場合，所在する市区町村，字，地番，地目，地積を記載します。建物の場合，その所在，家屋番号，種類，構造，床面積を記載します。

条項例3-25　物件目録——マンション

物件目録
一棟の建物の表示
　　所   在   福岡市博多区博多駅前●丁目●番地●
　　建物の名称   ●●マンション博多

敷地権の目的である土地の表示
　　所在及び地番   福岡市博多区博多駅前●丁目●番地●
　　地   目   宅地
　　地   積   ●●．●平方メートル

専有部分の建物の表示
　　家 屋 番 号   博多駅前●丁目●番地の101

建物の名称　101
種　　　　類　居宅
構　　　　造　鉄筋コンクリート造1階建
床　面　積　1階部分　●.●平方メートル

敷地権の表示
敷地権の種類　所有権
敷地権の割合　●●●分の●●

■■ **解　説** ■■■■■■■■■■■■■■■■■■■■■■■■■■■

　財産分与の対象がマンションの場合の記載例です。物権変動の対象を明ら
かにするための項目を記載します。マンションの場合，一棟建物の表示，敷
地権の目的である土地の表示，専有部分の建物の表示を記載します。

第3 預貯金

条項例3-26 夫名義の預貯金を妻が取得

1 　甲は，乙に対し，財産分与として，本日，甲名義の次の預金債権を
分与する。
●銀行●支店
口座番号　●●
令和●年●月●日現在の残高　●万円
2 　甲は，乙とともに，●銀行●支店に対し，前項の債権譲渡の承諾を
得る手続をする。

解 説

この条項例は，財産分与において，夫名義の預金を口座ごと妻に分与する
場合の記載です。

金融機関に預けている金銭，すなわち預金債権は譲渡禁止特約が付されて
います。よって，金融機関の承諾を得られなければ，夫婦間で預金口座を譲
渡する合意が成立したとしても，名義変更ができません。そのため，事前に
金融機関に名義変更の可能性や手続について相談しておくことが必要になり
ます。

口座内の金額がそれほど高くなければ，預金口座の名義変更よりも送金手
続をしたほうが簡便でしょうが，送金額が著しく高額であったり，送金時の
振込手数料が高額というような事情があるのであれば，名義変更のほうが簡
便な場合が生じる可能性はあります。

条項例3-27 子名義の通帳を一方が取得する場合

甲と乙は，次のとおり財産分与をする。

(1)　長男名義の●銀行●支店の普通預金口座（口座番号●，額面：普通預金●万円，定期預金●万円）は，甲が取得する。

(2)　長女名義の●銀行●支店の普通預金口座（口座番号●，額面：普通預金●万円，定期預金●万円）は，乙が取得する。

(3)　甲は，乙に対し，財産分与として，●万円（甲が乙に対し財産分与として支払うべき●万円から上記(2)を控除した額）の支払義務を認め，これを令和●年●月●日限り，●に振り込む方法により支払う。振込手数料は甲の負担とする。

解　説

　この条項例は，子名義の財産を財産分与として取得する場合の記載です。

　夫婦が同居中，子のために子名義の預金口座に貯蓄しているケースは多くあり，また，子名義預金も財産分与の対象とされる例が多い印象です。そして，子名義の通帳は監護者・親権者となる配偶者が取得することがほとんどです。非監護親が子名義の通帳を保有していた場合は，財産分与の支払として子名義通帳を監護親に渡すことで支払に充てることができれば簡便といえます。

　条項の記載として，その帰属をどちらかに決めるという内容が簡便です。他方，財産分与の総額のうち一部について，「金銭で支払う代わりに通帳を渡す」と解釈すると，代物弁済としての記載となって条項が複雑化します。こういった場合は，上記(1)(2)とともに(3)のような記載とするのが有用です。

第*4* 株式等

条項例３-28　上場株式の譲渡

⑴　甲は，乙に対し，財産分与としてＡ株式会社の株式50株を譲渡する。

⑵　甲は，乙に対し，前項の株式を令和●年●月●日限り，乙名義の口座（●証券株式会社●支店，口座番号●）に振り替える方法により引き渡す。

■ 解　説

この条項例は，財産分与として株式を引き渡す場合の記載です。

現在，全ての上場株式は電子的に管理されていますので，これを引き渡すためには，引き受ける側が証券会社に口座を開設していなければなりません。そのため，合意の目途が立ってきたら，引受けのための口座開設を事前にしておく必要があります。

条項例３-29　株式 —— 非上場（株券発行会社の場合）

甲は，乙に対し，財産分与として○○株式会社の株式を分与することとし，本日，別紙目録記載の株券を交付し，乙はこれを受領した。

【別紙】

目録

銘　　柄　　○○株式会社普通株券

額　　面　　○万円

種　　類　　○○株券

記号番号　　○○○○

枚　　数　　○枚

```
最終名義人　甲
```

■ **解　説** ■

　この条項例は，財産分与の際，株券が発行されている非上場会社の株式を分与対象とする場合を想定したものです。

　平成21年1月に上場会社の株券が電子化されたため，株主の権利が証券会社などの金融機関の取引口座で電子的に管理されることになりましたが，非上場会社の株券には電子化は適用されておりませんので，すでに発行されている株券は有効です。

　非上場会社であっても株券が電子化されている場合には，上場会社に準じれば大丈夫ですので，該当箇所をご参照ください。

　注意点としては，株券の権利移転時は，株券の引渡しがなされたときであることが挙げられます。合意のみでは権利移転しないので，合意時における席上交付を目指すのが最も確実です。

第5　その他

条項例３-30　ゴルフ会員権

1　甲は乙に対し，本日，財産分与として○○ゴルフクラブの会員権（正会員）を譲渡する。

2　甲は乙に対して，前項会員権について速やかに名義書換の手続を行う。名義書換費用は甲が負担する。

3　○○ゴルフクラブの年会費は，本年１月１日を起算日として１年を365日で日割り計算をし，名義書換完了日の前日までを甲が，名義書換完了日からは乙が負担する。

解　説

　この条項例は，ゴルフ会員権を分与することを想定したものです。

　会員制ゴルフクラブの種類としては，社団法人制，株主会員制，預託金会員制の３種類があります。

　社団法人制を採用している場合，会員権は第三者に譲渡することができないことも多く，財産分与として譲渡できない可能性もあるため注意が必要です。

　株主会員制を採用しているゴルフ場では，株券を発行しているところもあります。その場合には，株券発行会社における株式の財産分与と同様に権利の移転には交付が必要となります。忘れずに，交付日時や方法も条項に入れましょう（株券発行会社の株式の譲渡と同様に，席上交付が最も確実です。）。

　分与後は，名義書換が必要になるところ，名義書換手数料は場合によっては数百万円にのぼる場合もあります。トラブルを避けるためには，名義書換費用の額及びどちらが負担するかについて，事前に十分に協議することが必要です。

　また，ゴルフ会員権の会費については，不動産の固定資産税に準じて，日割り計算をした上で，甲と乙との間で負担を決めるというのが一般的です。

第3章　財産分与

条項例3-31　家財道具

1　甲は，乙に対し，財産分与として，別紙物件目録記載の物件（以下「本件物件」という。）を分与する。

2　甲は，乙に対し，本件物件を，○年○月末日限り，甲の住所において引き渡す。ただし，本件物件の引渡しに要する費用，エアーコンディショナーの取り外しに要する費用は，乙の負担とする。

【別紙】物件目録

1　エアーコンディショナー　○○製　製造番号○○○○

2　テーブル　1台　セラミック大理石調（○○製）

3　テレビ　1台　55インチ　○○製　製造番号○○○○

4　乙の私物

■ 解　説

　この条項例は，財産分与の際，家財道具を分与することを想定したものです。

　家財道具をどちらが引き取るかを条項に残すことは，それほど多くない印象です。しかし，婚姻時に購入したものであれば共有財産であることは間違いなく，争いになることは珍しくはありません。

　家具家電は，例えばリサイクルショップ等に依頼し時価を算定すると，0円又はそれに限りなく近い低評価を受けることが多いです。その反面，機能的価値は残存しているため，どちらが取得するかが争いなるというわけです。

　自動車等のように登録番号があるわけでもないので，上記の物件目録のように記載し，可能な範囲で特定を行うことになるでしょう。

　形状，種類，品質，数量，色，制作社，製造番号等によって特定するのが一般的とされています。

　なお，引渡し費用もよく争いになる箇所なので，その点も忘れずに条項に盛り込むようにしましょう。

　法的にいえば，家財道具は特定物ですから，引き渡す者（義務者）は，当該家財道具が存在する場所で現状のまま引き渡す債務を負担することになります。その結果，引き取る者が自己の費用負担のもとで搬出することになるのが原則です。費用負担が争いになる場合には，その旨の説明を行い，説得すると良いでしょう。

条項例3-32　生命保険を解約し，解約返戻金相当額を分与する場合

　甲は，乙に対し，財産分与として，下記保険の解約返戻金相当額を分与することとし，同保険を速やかに解約した上で，解約日時点の解約返戻金相当額について，その額が分かる資料を乙に対し明示した上で，その着金日から1か月以内に，●●銀行●●支店の「●●●●」名義の普通預金口座（口座番号●●●●●●●●）に振り込む方法により支払う。なお，振込手数料は，甲の負担とする。

記

保険会社名：●●生命保険株式会社

保 険 種 類：●●●●

証 券 番 号：●●●●-●●●●-●

第3章　財産分与

■ 解　説 ■

　この条項例は，夫（甲）を契約名義とする生命保険の解約返戻金相当額を妻（乙）に分与することを想定しています。

　例えば，キャッシュフローの関係で手持ちの現金がなく，財産分与の清算を現金で行うことが難しい場合に，このような合意があり得ます。

　解約返戻金の額を把握した上で合意するのが通例でしょうが，その額を念のために確認することが可能なように，解約返戻金相当額が分かる資料の明示を盛り込むと，分与を受ける側としては安心でしょう。

条項例3-33　学資保険等の生命保険の名義変更

　甲は，乙に対し，財産分与として，下記保険の解約返戻金請求権を譲渡することとし，速やかにその名義人を甲から乙に変更する手続を行う。なお，○年○月○日支払分以降の保険料の支払は，乙が行うものとする。

記

保険会社名：●●生命保険株式会社

保　険　種　類：●●●●

証　券　番　号：●●●●-●●●●-●

■解　説■

　この条項例は，夫（甲）を契約名義とする生命保険を，妻（乙）が名義変更のうえ引き継ぐことを想定しています。

　生命保険のうち，被保険者と妻又は子とするものは，契約名義人が夫であったとしても，夫の合意があれば名義変更が可能なことがほとんどです。合意前に，念のため，保険会社に連絡して，名義変更が可能であることを確認しておくほうが穏当でしょう。

　学資保険等の貯蓄型の保険は，基準時の解約返戻金が財産分与の対象となりますが，財産分与の基準時は経済的な協力関係が解消された別居時とすることが実務では基本です。すなわち，財産分与の基準時と離婚の合意時とで，時間的なずれが生じます。そのため，通常，別居時から合意成立時までの間に払い込んだ保険料については調整が必要になりますので，ご注意ください。例えば，妻が名義変更を希望するのであれば，別居時から合意成立時までに支払った保険料については，妻が負担する形をとることが多いでしょう。

　基準時と合意時の時間的ずれと保険料の払込みに関するトラブルを防ぐため，①合意時の解約返戻金請求権の譲渡という形をとること及び②合意後の保険料の支払を妻が行うことを明記しておくこくことが推奨されます。

条項例3−34 自動車

1 甲は，乙に対し，財産分与として，別紙物件目録記載の自動車の所有権を分与する。

2 甲は，乙に対し，前項の自動車の登録名義変更手続に協力する。なお，名義変更に必要な費用については，乙の負担とする。

【別紙】 物件目録

自動車登録番号　福岡○○○た○○-○○

種　　　　別　普通

車　　　　名　○○

型　　　　式　○-○○

車　体　番　号　○○-○○○○

■ **解　説** ■

　この条項例は，財産分与の際，自動車を分与することを想定したものです。

　自動車の特定は，登録番号，種類，車名，型式，車体番号等によって特定します。これらの情報は，車検証を見れば載っていますので，車検証から物件目録を作成するのが一般的です。

　なお，自動車は，所有者の変更があったときから15日以内に移転登録の申請をしなければならないものとされています（道路運送車両法12条1項）。

　登録費用については，分与を受けた者が負担することが一般的ですが，争いが深化しているような事案では，条項に載せておいたほうが良いでしょう。

条項例3−35 自動車 —— 自動車ローンがある場合

1 甲は，乙に対し，別紙物件目録記載の自動車に関する自動車ローンを完済したときは，その完済の日以降速やかに，財産分与として，本

件自動車を分与する。

2　乙は，甲に対し，本件自動車に賦課される公租公課について，○年
度以降の分を負担する義務があることを認め，納付期限の1週間前ま
でに，納税額相当額を甲の指定する預金口座に振り込む方法により支
払う。振込手数料は，乙の負担とする。

3　甲は，乙に対し，第1項の自動車の登録名義変更手続に協力する。
なお，名義変更に必要な費用については，乙の負担とする。

【別紙】　物件目録
自動車登録番号　福岡○○○た○○-○○
種　　　　　別　普通
車　　　　　名　○○
型　　　　　式　○-○○
車　体　番　号　○○-○○○○

■■ 解　説 ■■

　この条項例は，財産分与の際，自動車を分与することを想定したものです
が，自動車に残ローンがある場合を想定しています。

　自動車ローンが残っている場合，所有権留保によりローン会社に自動車の
所有権があることが一般的です。

　したがって，ローンを完済後でなければ，登録名義の変更はできません。

　そこで，完済後に登録名義の変更を行うという内容の条項になります。

　もっとも，実質的には，離婚時からは分与を受ける乙が自動車を使用する
ことになるでしょうから，自動車に付随する公租公課については，乙が負担
するという取決めを行うことを想定した条項例にしています。

条項例3-36　将来の退職金の分与

　甲は，乙に対し，財産分与として，○○円の支払義務があることを認め，これを甲が株式会社○○を退職し，同社退職金の支払を受けた日から1か月以内に，乙指定の口座に振り込む方法により支払う。振込手数料は甲の負担とする。

■ 解　説 ■

　この条項例は，離婚に伴い，将来支給される退職金の分与を行う場合を想定しています。

　退職金は，給与の後払い的な性質を有します。その結果，給与により形成された財産と同視できるため，財産分与の対象となります。

　もっとも，退職まで相当長期にわたる場合，どのように考えるかは確立されていないのが実情です。

　筆者の実感としては，退職まで長期にわたる場合も公務員又は大手企業勤務の場合には退職金の支給の可能性が極めて高いという前提で，別居時に自己都合退職した場合の退職金については財産分与の対象財産に含めるという運用が多いように思います。

　退職金を財産分与の対象とする場合，離婚時に一括して清算できるのが望ましいですが，キャッシュ・フローの観点から，それは困難という場合も多々あります。その場合は，条項例のように「退職して支払を受けた日から1か月以内に支払う」旨の合意を行うことになります。

第3章　財産分与

条項例3-37　将来の企業年金の分与

　甲は，乙に対し，財産分与として，甲が○○株式会社から企業年金の支給を受けたときは，当該支給に係る金額の○分の○に相当する金員の支払義務があることを認め，これを当該支給がされた日が属する月の末

日限り，乙指定の銀行口座に振り込む方法により支払う。振込手数料は
甲の負担とする。

■解　説■

　この条項例は，離婚に伴い，将来受給予定の企業年金の分与を行う場合を
想定しています。
　企業年金は，公的な厚生年金と異なり，年金分割という制度は適用されま
せん。
　そのため，財産分与の対象財産として扱うことになります。
　企業年金は，退職金の分割払としての性質を有します。そして，退職金は，
給与の後払い的な性質を有します。その結果，給与により形成された財産と
同視できるため，財産分与の対象となります。
　具体的な決め方としては，年金支給開始の時点における権利割合を定めて
おき，年金開始時点からその権利割合による支給を受けられるようにしてお
く必要があります。

条項例3-38　賃貸物件の名義変更に協力

　甲は，乙に対し，現在，乙が居住中の賃貸不動産の名義を甲から乙に
変更する手続に協力し，賃貸人の承諾が得られるよう努力する。

■解　説■

　この条項例は，離婚に伴い，甲名義の賃借物件に，引き続き乙が居住し続
ける場合を想定しています。
　賃貸の場合，賃貸人の承諾なく，名義を変更することはできません。
　そのため，甲の義務は手続への協力義務，努力義務にとどまります。
　賃貸人の態度次第では，名義変更がスムーズにいかない可能性もあります。

もっとも，賃借権の譲渡については，背信的行為と認めるに足りない特段の事情がある場合には信頼関係の破壊はなく，解除権（民612条２項）は行使できないとされています。この点，本件が想定しているところでは，引き続き，賃借物件には乙が住み続けるというわけですから，賃借権の実体に変更はなく，そうであれば，賃貸人としても解除はできません。

そのことを説明すれば，多くの場合，名義変更の了承を得ることは可能でしょう。

ただし，甲から乙に名義変更するに際し，乙にそれなりの保証人を要求されることが一般的ですから，事前にその点も，賃貸人側と協議しておくほうが穏当です。

条項例３-39　賃借権の譲渡

【土地の賃借権】

1　甲は，乙に対し，財産分与として別紙物件目録記載の建物を分与することとし，本日付け財産分与を原因とする所有権移転登記手続をする。

2　甲は，乙に対し，財産分与として，別紙物件目録記載の土地賃借権を譲渡する。

【建物の賃借権】

甲は，乙に対し，財産分与として，別紙物件目録記載の建物賃借権を分与する。

解　説

この条項例は，財産分与の際，賃借権を分与することを想定したものです。賃借権は債権ですから，賃貸人（貸主）という第三者が存在します。

この点，民法612条は，第１項で「賃借人は，賃貸人の承諾を得なければ，

その賃借権を譲り渡し，又は賃借物を転貸することができない。」とし，第2項で「賃借人が前項の規定に違反して第三者に賃借物の使用又は収益をさせたときは，賃貸人は，契約の解除をすることができる。」と規定しています。

　すなわち，賃借権の譲渡の前には，賃貸人の承諾を得る必要があります。

　もっとも，背信的行為と認めるに足りない特段の事情がある場合には，信頼関係の破壊はなく，解除権は行使できないとされています。具体的には，使用収益の主体に変化があっても，使用収益の実体に変化がないのであれば，信頼関係の破壊はないため解除権は行使できないという理解が一般的です。

　そして，離婚に伴う賃借権の分与においては，使用収益の主体は変化するものの実体に変化はないため，たとえ，賃貸人にその旨の承諾を得ていないにしても，解除されることはないと考えられます（福岡地小倉支判昭36・7・13下民12巻7号1678頁参照）。

　そのため，賃貸人の承諾を条件とする条項にすることは稀で，上記の条項例のように無条件とすることのほうが一般的です。

条項例3-40　各々が自己名義の財産を取得する場合

　1　（条項例3-8の1の条項）
　2　甲及び乙は，以上に挙げる以外の財産については，当該財産の各名
　　　義人に，それぞれ所有権が帰属することを相互に確認する。

■ **解　説**

　この条項例は，財産分与において，それぞれが自己名義の財産を取得するという内容で合意する場合を想定しています。

　当たり前と思われるかもしれませんが，財産分与は，離婚から2年間は請求できますので，このような条項がない場合，「相手方名義の財産である○○は，共有財産である。」旨の主張がなされ，財産分与が蒸し返されるおそ

れがあります。

　そこで，そのような紛争の蒸し返しを防ぐために，確認として条項化しておくことが重要です。

条項例3-41　債務の誠実履行約束

1　甲は，乙に対し，財産分与として，別紙物件目録記載の不動産を分与することとし，○年○月○日限り，本日付け財産分与を原因とする所有権移転登記手続をする。登記手続費用は○の負担とする。
2　甲は，乙に対し，前項の財産分与を原因とする所有権移転登記請求権の仮登記手続をする。登記手続費用は○の負担とする。
3　甲は，甲が○○銀行株式会社に負担する別紙債務目録記載の債務を誠実に履行し，乙に迷惑をかけないことを約束する。

解　説

　この条項例は，離婚に伴い，住宅ローン付の夫（甲）名義の不動産を妻（乙）に分与するが，引き続き，夫（甲）が住宅ローン残金を負担する場合を想定しています。

　甲が履行しない場合，結果として乙が住居を失うこともあり得ますので，債務の履行を誠実にする旨の道義的義務を合意させるのが良いでしょう。

　なお，金融機関は，住宅ローン完済後でなければ，移転登記を認めないため，移転登記手続がかなり先のことになってしまうことが考えられます。そのため，仮登記を行うことも検討すべきで，この条項例は，仮登記を行うことを想定しています。

第4章 養育費

第1 基 本

条項例4-1　養育費——基本

　甲は，乙に対し，丙の養育費として，令和●年●月から丙が満20歳に達する日の属する月までの間，月額●万円の支払義務があることを認め，これを毎月末日限り，乙の指定する下記記載の預金口座に振り込む方法により支払う。振込手数料は，甲の負担とする。

■■■ 解　説 ■■■

　この条項例は，乙を親権者と定め，丙（子）の監護養育をする場合，甲が乙に対し，養育費の支払義務があることを定める場合のサンプルです。条項の中では，養育費の支払始期，支払終期，養育費の月額，支払方法について明記します。養育費の支払始期，支払終期，養育費の月額，支払方法については，当事者間で自由に合意することができ，義務者は，その合意内容に従って養育費を支払うことになります。養育費の支払始期については，離婚が成立した月（あるいはその翌月）とすることが一般的です。また，養育費の支払終期については，令和4年4月1日から成人年齢が引き下げられましたが，養育費の支払終期を原則20歳までとするのが裁判所の現時点の見解のようです（司法研修所『養育費，婚姻費用の算定に関する実証的研究』61頁（法曹会，2019年））。また，支払方法については，振込送金の方法以外にも，手渡しによる方法などが想定されますが，支払の事実を明確化するために，振込送金の方法が推奨されます。なお，振込手数料については，義務者が負担するこ

とが一般的です。

条項例4-2　養育費──子の病気・進学時の加算可能性（基本）

1　（条項例4-1の条項）
2　甲及び乙は，丙の進学，病気等による特別の費用の負担については，別途協議するものとする。

【あらかじめ負担割合を定めておく場合】
2　甲は，丙の進学，病気等による特別の費用の負担が生じた場合，その費用の合計額の2分の1を負担する。

■ 解　説 ■

　この条項例は，養育費について月額の支払額を定めた上で，進学，病気等による特別の費用の負担について，通常の養育費とは別に加算することについて協議することを定める場合のサンプルです。通常の養育費の中には，公立学校の学費や通常想定される医療費が含まれていると考えられています。一方で，進学の際の入学金や病気等により高額の医療費が発生した場合など，通常の養育費では補うことが難しい出費も存在します。本条項例は，通常の養育費では補うことが難しい出費が発生した場合，養育費の支払義務者と権利者が協議することで，通常の養育費とは別に，特別費用を加算する余地を残す条項になります。権利者としては，協議書に本条項例を加えることで，子に高額な出費が生じた場合に，義務者がその負担割合の協議に応じる可能性を増やす効果が期待できます。一方で，「別途協議する」という文言だけでは，特別の費用の負担義務までは生じません。したがって，義務者に特別の費用を負担してもらうためには，高額の出費が発生するごとに，その負担割合について合意する必要があります。一方，特別の費用について，あらかじめ負担割合を定めておくことも可能です。

条項例4-3　事情変更の際の変更可能性 —— 基本

1　（条項例4-1の条項）
2　甲及び乙は，物価の高騰，当事者双方の経済状況，その他の事情の変更があった場合には，前項の養育費の額及び支払終期について改めて協議する。

解　説

　この条項例は，合意成立以降に，養育費の金額に影響を及ぼす事情の変更が生じた場合，養育費の金額等について変更できる場合があることを定める場合のサンプルです。養育費の合意内容は，元夫婦間の合意により変更することが可能です。しかしながら，権利者側は養育費の減額に，義務者側は養育費の増額に対して消極的な姿勢を示すことが多いといえます。本条項例は，養育費の増減について，事後的な変更可能性を明記することで，養育費の変更協議を持ちかけること自体による紛争の防止を目的としています。養育費の変更理由としては，物価の変動のような社会的な理由のほか，義務者の収入の大幅な減少，権利者の収入の大幅な増加や，義務者の再婚及び再婚相手との子が生まれることによる扶養家族の増加，権利者の再婚相手が子と養子縁組を結ぶことなどが考えられます。

　なお，本条項を明記していなかったとしても，養育費の減額（増額）調停（審判）において，事情の変更が認められる場合には，養育費の減額（増額）が認められることがあります。事情の変更が認められるためには，個別の事情を考慮する必要があるため，一義的な基準はありませんが，当該事情が合意当時に予見できた内容であるか，収入の増減の場合は，その増減の程度（3割ほどの増減が一つの目安となります。）に注目することになります。変更の合意をした場合には，その合意内容を改めて書面化すべきでしょう。

第4章　養育費

条項例4 - 4　養育費 ── ボーナス時加算

　甲は，乙に対し，丙の養育費として，令和●年●月から丙が満20歳に達する日の属する月までの間，次のとおり，毎月末日限り，乙の指定する下記記載の預金口座に振り込む方法により支払う。振込手数料は，甲の負担とする。

(1)　1か月●万円

(2)　毎年7月及び12月に各々金●万円を加算する。

■解　説

　この条項例は，養育費の支払金額について，ボーナスの支払月に加算することを定める場合のサンプルです。養育費の金額については，裁判所の算定表という基準が存在しますが，当事者間の合意により自由に定めることが可能です。そして，ボーナスの支払月に養育費の金額を増加することを合意する場合には，ボーナスの支払月を明確に特定した上で，その月に支払う養育費の金額を明記します。なお，「ボーナスの支払月」などの具体的な月を明記しない方法では，増額する月の特定が不十分であり，強制執行ができない可能性があるので注意が必要です。

　ボーナスの支払月に加算する方法は，権利者にとっては，養育費の総額を増やすことが可能になるという意味でメリットがあります。他方で，義務者にとっては，ボーナス月の加算を認める一方で，その他の月の支払額を抑える合意をした場合には，ボーナス月以外の出費を抑えることができるというメリットがあります。

条項例4 - 5　子どもごとに終期を変える

　甲は，乙に対し，丙及び丁の養育費として，令和●年●月から下記に記載する月までの間，一人につき月額●万円の支払義務があることを認

め，これを毎月末日限り乙の指定する下記記載の預金口座に振り込む方法により支払う。振込手数料は，甲の負担とする。

記

(1)　丙については，令和●年●月まで

(2)　丁については，令和●年●月まで

以上

■ 解　説 ■

　この条項例は，子が複数いる場合に，子ごとに養育費の支払終期を変更することを定める場合のサンプルです。一般的には，子が複数人いる場合でも，養育費の支払終期は一致させることになると思われます。もっとも，子の年齢や進路の違いにより，一人は大学卒業時まで，もう一人は20歳までといった決め方をする場合も想定されます。そのような場合には，子ごとに養育費の支払終期を明記する必要があります。

　なお，本条項以外にも，子ごとに養育費の月額を変更することや，養育費の支払先口座を別々にする合意をすることも可能です。

第4章　養育費

条項例4-6　養育費——2か月・3か月ごとの支払とする場合

　甲は，乙に対し，丙の養育費として，令和●年●月から丙が満20歳に達する日の属する月までの間，月額●万円の支払義務があることを認め，これを2月，4月，6月，8月，10月及び12月の各月末日限り乙の指定する下記記載の預金口座に振り込む方法により支払う。振込手数料は，甲の負担とする。

■ 解　説 ■

　この条項例は，養育費の支払時期について，毎月ごとではなく，2か月

69

（あるいは3か月）ごとに定める場合のサンプルです。振込送金の方法による場合，その振込手数料は，義務者が負担することが一般的です。そのため，支払月を2か月（あるいは3か月）ごとに定めることは，振込手数料を削減するという点において，義務者にとってメリットがあるといえます。また，義務者の職種により，収入額が定額ではない場合，支払月を毎月と定めないことにより，支払の原資を確保しやすくなるということも期待できるでしょう。

　他方，権利者にとっては，養育費が支払われない月が生じることになりますので，その点に留意して合意する必要があるでしょう。

条項例4-7　養育費——胎児の場合

【胎児の出生前に養育費の合意をする場合】

　甲乙間の胎児（令和●年●月●日出生予定）が出生したときは，甲は，乙に対し，同人の養育費として，同人が出生した月から同人が満20歳に達する日の属する月までの間，月額●万円の支払義務があることを認め，これを毎月末日限り乙の指定する下記記載の預金口座に振り込む方法により支払う。振込手数料は，甲の負担とする。

【出生後の養育費に関する協議を約束する場合】

　甲（夫）及び乙（妻）は，乙が子を出産し，甲に出産の事実を通知したときは，遅滞なく当該子の養育費について協議することを約束する。

解　説

　この条項例は，離婚成立時に妻（乙）が夫（甲）の子を妊娠していた場合に，同人が出生することを停止条件として，養育費の金額等を定める場合のサンプルです。養育費の支払始期は，子が出生してからになりますので，支払始期については，「同人が出生した月から」と記載します。権利者である妻は，子が出生するまでの期間は，養育費を請求することはできません（ただし，

妊娠中も妻の生活費を支払う合意をすることは可能です。）。しかし，離婚時において，今後生まれる胎児の養育費を事前に定めることは，子が出生してから改めて協議するという事態を避けるという意味では有益であると思われます。

　現行民法には，「婚姻の解消若しくは取消しの日から300日以内に生まれた子は，婚姻中に懐胎したものと推定する。」（民772条2項）という嫡出推定の規定が存在します。そのため，離婚後も，生まれてきた子が，元夫の子と推定される場合があります。元夫側も，嫡出推定されることを前提として，胎児の出生前に養育費の合意をすることも考えられます。

　しかしながら，同条文については，令和4年12月10日に，離婚後300日以内に生まれた子どもでも，母親が再婚している場合には，再婚相手の子どもと推定するという内容の改正法が成立しました（同改正法は，遅くとも令和6年6月中旬には施行される予定です。なお，改正民法においても，元妻が再婚しなかった場合には，従前と同様に，離婚後300日以内に出生した場合には，前夫の子と推定がされますので注意が必要です。）。

　改正法では，元妻が再婚した場合は，離婚後300日以内に出生したとしても，生まれてくる子どもの父親は再婚相手であると推定されることになります。生まれてきた子が，再婚相手の子であると推定された場合には，法律上，再婚相手が子の父親として扱われますので，再婚相手が子の扶養義務を負うことになります。そのため，元夫が，子の養育費の支払義務者ではなくなる可能性もあります。そのため，妻側から，子の出生前に養育費の合意をすることを求められた場合には，夫側としては，妻の出産前の再婚可能性（場合によっては,生まれてくる子との血縁関係の有無）を考える必要が出てくるでしょう。

　仮に，生まれてくる子どもが，夫以外の第三者の子である可能性がある場合には，出生後の事情（妻の再婚の事実の有無やDNA鑑定の実施など）を考慮するために，離婚時点においては，養育費に関する協議を約束するという合意をする程度にとどめておくという選択も有効でしょう。出生後の養育費に関する協議を約束する場合の条項例を記載しています。

　なお，元妻が，元夫に対し，子の出生後に養育費の支払を請求する場合には，個別の事情にもよりますが，原則として，請求時から未払養育費が発生

第4章　養育費

すると考えられておりますので，子の出生後直ちに請求することが重要といえます。

条項例4-8　養育費──子どもの年齢に応じた段階的な合意

　甲は，乙に対し，丙の養育費として，下記記載のとおりの支払義務があることを認め，当該金額を毎月末日限り乙の指定する下記記載の預金口座に振り込む方法により支払う。振込手数料は，甲の負担とする。

記

(1)　離婚した日の属する月から丙が15歳に達する日の属する月まで

　月額●万円

(2)　丙が15歳に達する日の属する月の翌月から丙が20歳に達する日の属する月まで

　月額●万円

以上

▨ 解　説 ▨

　この条項例は，養育費の金額について，子の年齢に応じて変動させることを定める場合のサンプルです。養育費は，養育費の支払義務者及び権利者双方の収入と，この人数及び年齢を基に算定する方法が一般的であり，裁判所が作成する算定表も同様の算定方法に基づき作成されています。子にかかる費用については，子の年齢に応じて増加すると考えられており，裁判所が作成する算定表においても，子の年齢が14歳未満か15歳以上かどうかにより場合分けがなされています。本条項例は，子が15歳になった月を境に，養育費の金額を増加することを定めています。なお，当事者間の合意により，養育費の金額を5歳刻みに増加するなどの合意をすることも可能です。また，子の進学年齢に応じて，養育費の増額を合意することも想定されます。

条項例4−9　養育費——高等教育機関を中退した場合

1　甲は，乙に対し，丙の養育費として，令和●年●月から丙が大学等
　（専門学校，短期大学を含む。）を卒業する月（令和●年●月）までの
　間，月額●万円の支払義務があることを認め，これを毎月末日限り乙
　の指定する下記記載の預金口座に振り込む方法により支払う。振込手
　数料は，甲の負担とする。
2　丙が，大学等を中退した場合には，前項の養育費の支払終期は，丙
　が20歳に達する日の属する月までとする。

解　説

　この条項例は，子の養育費の支払終期について，原則大学等の高等教育機
関を卒業するまでと定め，子が高等教育機関を中退した場合には，養育費の
支払終期を子が20歳に達する月までに縮減する場合のサンプルです。子が高
校卒業後に大学等に進学する場合を想定して，養育費の支払終期を大学等の
卒業時と定める場合があります。

　一方で，様々な事情により，子が大学等を中退する場合も想定されます。
本条項例は，子が大学等を中退する場合を例外として，養育費の支払終期に
ついて確認するための条項です。逆に，養育費の支払終期を原則20歳までな
どと定め，子が大学等に進学した場合には，大学等卒業時まで支払終期を延
長するように定めることも想定されます。さらに，子が大学等に進学しない
場合には，18歳で就職することが想定されるため，子が大学等に進学しない
場合の養育費の支払終期について，18歳に達した後最初に到来する3月まで
（高校卒業時まで）と定めることも想定されます。

　権利者と義務者の双方にとって，養育費の支払終期は重要な事項ですので，
各当事者が想定する状況に応じて，可能な限り争いを生じさせないよう明確
な場合分けをする必要があるでしょう。

第4章　養育費

条項例4‐10　養育費——高等教育機関に在学中に休学・留学した場合

1　甲は，乙に対し，丙の養育費として，令和●年●月から丙が大学等（専門学校，短期大学を含む。）を卒業する月（令和●年●月）までの間，月額●万円の支払義務があることを認め，これを毎月末日限り乙の指定する下記記載の預金口座に振り込む方法により支払う。振込手数料は，甲の負担とする。

【子の休学・留学に関わらず卒業時まで養育費を支払う場合】

2　甲は，乙に対し，丙が，大学等に在籍中に休学又は留学し，前項記載の卒業月に卒業しない場合であっても，丙が大学等を卒業する月までの間，甲が乙に対し，前項の養育費の支払義務を負うことを約束する。

【子が休学・留学した場合に別途協議する合意をする場合】

2　甲及び乙は，丙が，大学等に在籍中に休学又は留学し，前項記載の卒業月に卒業しない場合には，丙の養育費の支払終期について，改めて協議することを約束する。

■ 解　説

　この条項例は，子の養育費の支払終期について，原則大学等の高等教育機関を卒業するまでと定め，子が，高等教育機関在学中に，休学・留学した場合の養育費の支払終期について，あらかじめ定めておく場合のサンプルです。子が高校卒業後に大学等に進学する場合を想定して，養育費の支払終期を大学等の卒業時と定める場合があります。一方で，子が大学等に在学中に何らかの事情で休学や留学をしたことにより，本来予定されていた卒業月に卒業しない場合が考えられます。

　本条項例は，子が高等教育機関在学中に休学・留学した場合，①あらかじ

め，変更後の卒業月まで養育費を支払う合意をしておくケースと，②当初予定していた卒業月に卒業しないことが明らかになった段階で，養育費の支払終期について改めて協議するケースを場合分けして記載しています。

　なお，本条項例第2項のような文言を記載しなかった場合は，「大学等を卒業する月」と，「令和●年●月」という当初記載の日付にずれが生じてしまい，養育費の支払終期について争いが生じる可能性を残すことになります。子の将来を予測することは難しいですが，子の養育費の支払終期について，高等教育機関を卒業するまでと定める場合には，休学・留学あるいは退学した場合に養育費の支払をどうするのかという条項は，可能な限り設けておくべきでしょう。

条項例4-11　養育費——学費の費用の分担

1　（条項例4-1の条項）

2　甲は，乙に対し，前項に定める金員のほか，丙が大学等（専門学校，短期大学を含む。）に進学した場合，大学等の入学金及び授業料を負担する義務があることを認め，これを毎年3月末日限り乙の指定する下記記載の預金口座に振り込む方法により支払う。振込手数料は，甲の負担とする。

3　乙は，甲に対し，前項の金員を請求する場合，丙の進学先が確定した後速やかに，大学等の入学金及び授業料が分かる資料を交付する。

■ **解　説**

　この条項例は，通常の養育費に加え，大学等の入学金及び授業料を義務者が負担することを定める場合のサンプルです。大学等の授業料は高額であることが多く，通常の養育費でまかなうことが難しいことが多いと思われます。本条項は，義務者が，子の大学等に掛かる費用を負担することを合意した場合の条項になります。本条項例に挙げた費目のほか，大学等によって，施設

利用料や実習費などが掛かる場合が想定されます。それらの費目についても，義務者が負担する場合には，条項内に具体的な費目を明記すべきでしょう。また，義務者としては，入学金等の金額を速やかに把握したいと考えるのが通常です。そのため，本条項例では，第3項として，入学金等の金額が分かる資料の交付義務を規定しています。同資料の交付時期については，入学が確定したときではなく，受験先が確定したときと定めることも想定されます。

　また，入学金等の全額を負担するのではなく，入学金等の一定割合を負担する，あるいは負担割合を協議する条項への変更も可能です。

条項例4-12　養育費 ── 第三者が連帯保証

1　（条項例4-1の条項）
2　丁は，甲が乙に対して有する前項記載の養育費の支払債務について，丁が甲と連帯して保証する。丁は，甲と連帯して，乙に対し，前項と同様の期日及び方法により，前項の養育費を支払う。ただし，その連帯保証の期間は，丁が生存する期間とする。

■ 解　説

　この条項例は，養育費の支払義務について，第三者である甲の父親が連帯保証をすることを定める場合のサンプルです。養育費の支払は長期にわたるため，将来の未払いに備えて，養育費の支払義務について第三者に連帯保証をしてもらう需要は存在するといえます。一方で，当該連帯保証契約が有効に成立するためには，当事者間である（元）夫婦間の合意だけでは足りず，養育費の権利者と連帯保証人との間で合意することが必要になります。本条項例は，離婚協議書を作成するに際して，連帯保証人を合意の当事者として記載する方法により，養育費の権利者と連帯保証人との間で合意を成立させています。その他の方法として，離婚協議書は（元）夫婦を当事者として作成した上で，別途連帯保証契約書を，養育費の権利者と連帯保証人との間で

作成する方法も考えられます。この場合には，契約書が2通作成されること
になるため，連帯保証契約書の条項の文言に「…令和●年●月●日付甲乙間
で作成した「離婚協議書」記載の養育費…。」と明記するなど，契約書の関
係を明確にすべきでしょう。なお，弊所の経験上，調停など裁判所の手続を
利用した場合，裁判所は，第三者による養育費の連帯保証には消極的である
と思われます。

条項例4-13　養育費 —— 不請求の合意

　乙は，甲に対し，当事者間の子丙（令和●年●月●日生）の養育費を，
当事者間に事情の変更がない間は請求しない。

解　説

　この条項例は，離婚後に養育費を請求しないという合意を定める場合のサ
ンプルです。養育費を請求しないという合意の有効性が問題となりますが，
特に子の福祉に反するような特段の事情がない場合には，（元）夫婦間で，
養育費の請求をしないという合意を定めることは有効であるというのが，過
去の裁判例の考え方です（離婚後1年経過後に養育費を請求したケースで，生活状況
に大きな変化がないことから，養育費の請求を認めなかったケースとして，札幌高決昭
51・5・31判タ336号191頁）。

　一方，養育費を請求しないという合意は，（元）夫婦間の合意にすぎず，
子自身が，非親権者親に対し，扶養義務の履行を請求することは妨げられな
いと考えられます（子が未成年者である場合には，親である親権者が法定代理人とし
て請求することになるでしょう。）。そのため，この条項例で合意をした場合でも，
将来の養育費（扶養料）の請求を完全に封じることはできないと考えられて
います。義務者としては，将来，子の福祉を害する程度に子及び子の親権者
の生活が困窮するような場合には，養育費（扶養料）の請求がされる可能性
があることには留意しておくべきでしょう。もっとも，合意成立後から事情

第4章　養育費

の変更がなく，子の経済面も安定しているような場合には，本合意によって養育費の請求を封じることもできる場合も考えられますので，養育費不請求の合意をする意味があるといえるでしょう。

条項例4-14　養育費——再婚した場合の免除合意

1　（条項例4-1の条項）
2　甲及び乙は，本合意以降，乙が第三者と再婚した場合には，乙が前項記載の丙に関する養育費請求権を放棄することを相互に確認する。

解　説

　この条項例は，子の親権者が再婚した場合に，親権者が養育費請求権を放棄することを定める場合のサンプルです。法律上，実親は実子に対して扶養義務を負っています（民877条1項）。そのため，離婚時に親権を取得しなかった親も，実子の扶養義務は継続して負っていることになります。一方，子が再婚相手と養子縁組をした場合，第一次的には，養親となった再婚相手が子に対して扶養義務を負うことになります（民818条2項）。これらの民法の規定から，親権者が再婚した上で，再婚相手と子が養子縁組をした場合には，養育費の支払義務を負わなくなると考えることができます。他方，親権者が再婚相手と婚姻しただけでは，法律上，非監護親は，養育費の支払義務を原則として免れることは難しいといえるでしょう。

　もっとも，本条項例のように，当事者間で，再婚を機に，養育費の支払義務を負わないと合意することも可能です。ただし，この合意は，あくまで元夫婦間の合意であり，子と非監護親との間の合意ではないことに注意が必要です。すなわち，養育費不請求の合意（条項例4-13）と同様に，子自身が，非親権者親に対し，扶養義務の履行を請求することは妨げられられないと考えられます。その場合には，再婚相手の資力や，子の生活状況を踏まえて，養育費（扶養料）の支払義務があるのかを実質的に判断することになる可能

性が高いといえるでしょう。

　なお，この条項例を基本として，「再婚し，再婚相手と子が養子縁組をした場合」と合意することも可能です。

条項例4-15　養育費──懈怠約款付き

1　（条項例4-1の条項）
2　甲が，前項の養育費の支払を怠った場合には，乙に対し，養育費未払金及びこれに対する支払期限の翌日から支払済みまで年●パーセントの割合による遅延損害金を直ちに支払う。

【違約金の金額を定める場合】
2　甲が，前項の養育費の支払を怠った場合には，乙に対し，支払の遅滞1回につき，金●万円を直ちに支払う。

【遅滞した場合に残額を一括で支払う場合】
2　甲が，前項の養育費の支払を怠り，その額が●万円に達したときは，甲は当然に期限の利益を失い，乙に対し，丙の養育費として支払うべき総額●万円から既払金を控除した残額を直ちに支払う。

■ 解　説

　この条項例は，養育費の支払義務を履行しない場合の懈怠約款を定める場合のサンプルです。養育費の請求権は，原則として，毎月支払期限が到来する定期金債権です。この条項例は，遅延損害金の利率をあらかじめ設定するものであり，支払が滞った場合に備えるとともに，義務者に期限内の履行を促す効果が期待できます。

　また，義務者が婚姻費用の支払を遅滞するたびに，違約金を支払う合意をすることも考えられます。1回につき違約金の金額を定めたり，遅滞の回数

が一定回数を超えた場合に違約金を発生させる形で定めたりすることも可能です。

さらに，養育費の支払終期が子の年齢で定められた場合などは，養育費の支払総額を算出することが可能です。そこで，遅滞した場合に残額を一括で支払う場合の条項例も記載しています。

なお，強制執行認諾文言付き公正証書で合意した場合や，離婚調停や養育費調停などで養育費に関する合意をした場合には，裁判所等の手続を経ずに，養育費の不履行部分だけでなく，将来の養育費についても強制執行することが可能となります（民執151条の2）。具体的には，義務者の給与債権を差し押さえる場合には，未払金に対する強制執行が終了した後も，引き続き勤務先から，毎月の養育費の金額（ただし差押え可能な範囲に限られます。）を受領することが可能です。義務者が支払を怠る可能性が高い場合には，離婚後の養育費調停などの利用も検討されるとよいでしょう。

ただし，裁判例の中には，「養育費は，その定期金としての本質上，毎月ごとに具体的な養育費支払請求権が発生するもの」であるから，そもそも本件「期限の利益喪失約定に親しまない性質のものというべき」と判断したものもあります（東京家審平18・6・29家月59巻1号103頁）。したがって，理論上は懈怠約款を合意できるとしても，当事者間の合意による方法以外で，本条項例を活用するのは難しいといえるでしょう。

第❷ 終 期

条項例4-16　終期——成人

　甲は，乙に対し，丙の養育費として，令和●年●月から丙が成年に達するまでの間，月額●万円の支払義務があることを認め，これを毎月末日限り乙の指定する下記記載の預金口座に振り込む方法により支払う。振込手数料は，甲の負担とする。

■ 解 説

　この条項例は，養育費の支払終期について，子が成人するまでと定める場合のサンプルです。養育費の支払をいつまで行うかについては，当事者間で自由に定めることが可能です。成人年齢については，民法改正により，令和4年（2022年）4月1日から，成年年齢が20歳から18歳に引き下げられました（民4条）。そのため，令和4年4月1日以降に，養育費の終期を「成年に達するまで」と定めた場合には，養育費の支払終期は，子が18歳に達する日（の属する月）までとなるでしょう（法務省「成年年齢の引下げに伴う養育費の取決めへの影響について」（平成30年10月4日））。一方，法務省の見解によれば，令和4年4月1日以前に，養育費の終期を「成年に達するまで」と定めた場合には，取決めがされた時点では成年年齢が20歳であった以上，子が20歳に達するまでは，養育費の支払義務が発生すると考えられることになるでしょう。今後，成年年齢がさらに引き下げられる可能性もゼロではありません。養育費の支払義務は，長期間にわたって支払が続く義務でもあります。そのため，「成年に達するまで」という形で定めるのではなく，「子が18歳に達する日の属する月まで」と，子の年齢を具体的に記載して合意するほうが，将来の紛争防止の観点からは有益であると思われます。

第4章　養育費

条項例4-17 終期 —— 大学等高等教育機関卒業時

甲は，乙に対し，丙の養育費として，令和●年●月から丙が○○大学を卒業する月（令和●年●月）までの間，月額●万円の支払義務があることを認め，これを毎月末日限り乙の指定する下記記載の預金口座に振り込む方法により支払う。振込手数料は，甲の負担とする。ただし，令和●年●月時点において，子が在学中のときは，卒業まで養育費を支払う。

解 説

この条項例は，養育費の支払終期について，子が大学等高等教育機関を卒業の時までと定める場合のサンプルです。成年年齢は，18歳に引き下げられましたが，裁判所は，養育費の終期は原則として，民法改正前の20歳までと考えています（裁判所ウェブサイト「平成30年度司法研究（養育費，婚姻費用の算定に関する実証的研究）の報告について—研究報告の概要」参照）。他方，子が大学等高等教育機関に進学する場合，子が成人後も，経済的に未成熟な状況が続くことになります。この条項例は，子が，現在大学等に在籍中の場合に，婚姻費用の支払終期を，大学等の卒業時と定めています。条項例の中では，括弧書きに具体的な年月を記載しています。強制執行の段階において，終期が特定されていない状況を防ぐため，具体的な年月を記載するほうが望ましいでしょう。他方，子が留年や留学などで卒業が遅れた場合には，実際には卒業していないにも関わらず，養育費の請求が認められないという事態も想定されます。留学や留年などは，不確実な事項ではありますが，将来の紛争防止という観点からは，記載を検討すべきでしょう。この条項例では，ただし書で，卒業が遅れた場合を記載しています。

条項例4-18　終期——大学等高等教育機関卒業予定時

　　甲は，乙に対し，丙の養育費として，令和●年●月から丙が満22歳に
達した後の最初の３月までの間，月額●万円の支払義務があることを認
め，これを毎月末日限り乙の指定する下記記載の預金口座に振り込む方
法により支払う。振込手数料は，甲の負担とする。ただし，丙が22歳に
達した後の最初の３月時点において在学中のときは，卒業まで養育費を
支払う。

■ 解　説 ■

　この条項例は，養育費の支払終期について，子が大学等高等教育機関を卒
業予定の時までと定める場合のサンプルです。近年，大学進学率も増加傾向
にあるため，子が大学等に進学することが確定していない段階でも，養育費
の支払終期を，大学等高等教育機関を卒業予定の時までと定める需要は高い
といえます。この条項例は，原則を大学等卒業時と定め，子が大学等に進学
しなかった場合などには，20歳までとする方法で記載をしています。

　「大学等を卒業する月まで」と記載する例もあります。このような記載の
場合には，養育費の未払いを理由とした強制執行をする際，大学等に在学中
であることを，権利者の側が立証する必要があると考えられます。また，子
が大学受験で浪人した場合，大学を中退した場合，入学後留年した場合など
において，当事者間で，養育費の支払について疑義が生じる可能性がありま
す。そのため，特に公正証書作成の場面においては，年月で終期を特定する
ことが望ましいです。

　この条項例で合意した場合，子が高校卒業後に就職した場合など，予定よ
りも早く経済的に独立した場合には，元夫婦間において，改めて，養育費の
支払義務がなくなったという合意をすることにより，養育費の支払義務がな
いことを明確化すべきでしょう。

第4章　養育費

条項例4-19　終期 —— 高校卒業時

　甲は，乙に対し，丙の養育費として，令和●年●月から丙が○○高等学校を卒業する月（令和●年●月）までの間，月額●万円の支払義務があることを認め，これを毎月末日限り乙の指定する下記記載の預金口座に振り込む方法により支払う。振込手数料は，甲の負担とする。ただし，令和●年●月時点において，子が在学中のときは，卒業まで養育費を支払う。

■ 解　説

　この条項例は，養育費の支払終期について，子が高等学校を卒業の時までと定める場合のサンプルです。高等学校を卒業する月は，多くの場合，子が満18歳に達した後の最初の3月となり，子が満18歳に達する日の属する月と定めるよりも，養育費の支払期間は長くなるケースが多いでしょう。

　また，この条項例のただし書に記載しているように，子の留年や留学等により，高等学校の卒業が遅れた場合には，終期を高校卒業時と定める意義は大きくなるといえるでしょう。

　なお，「高等学校等を卒業する月まで」という記載も考えられます。しかし，養育費の強制執行の段階で，高等学校に在学中であることを立証する必要があることや，留年等の特殊事情が生じた場合に養育費の周期について当事者間で争いになる可能性も考慮すると，「高等学校等を卒業する月まで」という記載は避けるべきでしょう。

条項例4-20　終期 —— 高校卒業予定時

　甲は，乙に対し，丙の養育費として，令和●年●月から丙が満18歳に達した後の最初の3月までの間，月額●万円の支払義務があることを認め，これを毎月末日限り乙の指定する下記記載の預金口座に振り込む方

法により支払う。振込手数料は，甲の負担とする。ただし，丙が18歳に達した後の最初の３月時点において在学中のときは，卒業まで養育費を支払う。

解　説

　この条項例は，養育費の支払終期について，子が高等学校を卒業予定の時までと定める場合のサンプルです。文部科学省が発表したデータによれば，高等学校等（通信制を含む。）への進学率は，令和２年度には98.8パーセントにのぼっています（文部科学省「高等学校教育の現状について」（令和３年３月））。そのため，離婚時に，子が高等学校等への進学を予定していない場合でも，養育費の支払終期を，高校学校卒業予定時と定めることも十分想定されるところです。

　養育費の支払義務者としては，子の年齢が低い段階で，大学等卒業時まで養育費を支払うことをちゅうちょされる事案が多いと思われます。そのような事案において，養育費の支払終期を，20歳や18歳に達する日の属する月までと定めるか，高等学校等卒業時までと定めるかについては，当事者間の希望や従前の交渉経過によって選択すべき問題といえるでしょう。

　なお，今後，学校教育の多様化により，高等学校の教育期間が３年ではない場合も増える可能性も考えられます。そのような学校教育の多様化も見据えて合意を希望する場合には，「高等学校等を卒業する月まで」という柔軟な文言を選択する需要も高まる可能性も考えられるところです（ただし，明確な年月で区切られていませんので，終期が不明確になるという問題は残ります。）。

第3 進学先に応じた段階的な合意

条項例4-21　進学先に応じた段階的な合意

1　甲は乙に対し，長女の養育費として，令和●年●月から，同人が20歳に達する日の属する月までの間，1か月●万円を，毎月末日限り，●●銀行●●支店の「●●●●」名義の普通預金口座（口座番号●●●●●●●）に振り込む方法により支払う。なお，振込手数料は，甲の負担とする。

2　甲及び乙は，●●年●月●日時点（※子の20歳の誕生日）で，長女が以下の各大学等に在籍している場合は，前項記載の長女の養育費の支払終期を以下のとおり延長する。

(1)　2年制の大学等に在籍している場合　　●●年3月まで

(2)　3年制の大学等に在籍している場合　　●●年3月まで

(3)　4年制の大学等に在籍している場合　　●●年3月まで

■ 解　説

　この条項例は，甲が乙に対し，養育費を支払うに際し，進学先に応じた段階的な合意をする場合に用いるものです。

　現在の裁判実務では，法改正による成人年齢の引下げがあったものの，養育費の支払終期を原則20歳とする運用を変えていません。20歳までが未成熟子という評価のようです。

　しかしながら，進学先の学校によっては，20歳以後に卒業という場合も珍しくありません。そのため，進学先に応じて，段階的に養育費の終期を定める場合があり，その場合には上記のような条項例が用いられます。

第4 その他

条項例4‒22　ペットの養育費

1　甲は，乙に対し，別紙物件目録記載の犬（以下「本件犬」という。）
　の飼育費として，本件犬が死亡するまで，1か月●万円を，毎月末日
　限り，乙名義の●銀行●支店の普通預金口座（口座番号●）に振り込
　む方法により支払う。振込手数料は甲の負担とする。
2　乙は，甲に対し，毎月2回程度，●（場所）にて，甲と本件犬が触
　れ合う機会を設けることを約束する。

別紙物件目録
　犬　　種　　シー・ズー
　登録番号　　●
　性　　別　　オス
　生年月日　　●年●月●日
　毛　　色　　白，茶，黒

解　説

　この条項例は，夫婦で飼育していた犬に関する取決めに関する記載です。
　ペットは法律上「物」であるため，養育費，面会交流という「人」につい
て定められている規定の適用はありません。他方，「物」である以上財産分
与の対象にはなりますので，夫婦のいずれが引き取るのか対立が生じること
はあります。
　いずれにしても，離婚協議において，夫婦のいずれが引き取るのか，世話
代をどうするのか，交流をどうするのかという事項が紛争解決に資するので
あれば，これについて取決めをすることは有用といえます。

条項例4-23　積立保険料の支払と養育費の調整

1　（養育費）

　甲は，乙に対し，当事者間の長男●の養育費として，次のとおり毎月末日限り，長男名義の●銀行●支店の普通預金口座（口座番号●）に振り込む方法により支払う。振込手数料は甲の負担とする。

　(1)　令和●年●月から令和▲年6月まで　月額●万円

　(2)　令和▲年6月から長男が満20歳に達する月まで，月額●万円

2　（保険料の支払等）

　(1)　甲は，令和●年●月から令和▲年6月まで，下記の保険（以下「本件保険」という。）の保険料として，月額●万円を●生命保険株式会社に直接支払うこととする。

　【保険】

　　●保険　（証券番号●●）

　　契約者　甲

　　被保険者　長男

　(2)　甲は，乙に対し，本件保険の祝金，満期金を，受領後速やかに，前項の口座に振り込む方法により支払う。振込手数料は甲の負担とする。

　(3)　甲が，乙の了承なく，本件保険を解約した場合には，甲は，乙に対し，令和●年●月●日（別居時）時点の解約返戻金相当額に，令和●年●月から解約月までの月数に月額保険料●万円をかけた金額を加算した額を，解約返戻金受領後速やかに，前項の口座に振り込む方法により支払うこととする。振込手数料は甲の負担とする。

■ 解　説 ■

　この条項例は，離婚後も積立型保険の保険料を名義人である非監護親が負担し続け，適時の祝金や満期金を監護親に支払うこととする一方で，養育費については，算定表上の養育費の額から保険料相当額を控除した金額で合意

した場合の記載です。

　離婚後も金銭を保険商品として積み立てることで，運用益を含めて子のための費用を捻出できる点で，当事者双方にとってメリットがあるといえます。ただし，名義人でない者からすると，自分の知らぬ間に保険を解約されてしまうリスクが生じます。そのため，もし解約がなされてしまった場合は，相応の金銭を事後に支払わせる内容にて合意する必要があります（本条項例記載の2(3)です。）。

　なお，本条項例2項は，当事者間の合意内容に第三者である保険会社が含まれており，また解約された際の支払金額も特定されていないため，あくまで約束条項であることに注意が必要です。

条項例4‐24　事後の減額 —— 変更事項の特定

【公正証書の記載内容の変更】
1　当事者双方は，福岡法務局所属公証人●作成の令和●年●月●日付け離婚に伴う給付等契約公正証書（令和●年第●号）（以下「本件公正証書」という。）第●条のうち，令和●年●月以降の分を，次のとおり変更する。
　(1)　……
2　当事者双方は，本件公正証書第●条●項を削除する。

【調書の記載内容変更】
1　当事者双方は，当事者間の●家庭裁判所令和●年（家イ）第●号夫婦関係調整（離婚）調停申立事件について，令和●年●月●日に成立した調停の調停条項第●項から●項を次のとおり変更する。
　(1)　……

▨▨ **解　説** ▨▨▨▨▨▨▨▨▨▨▨▨▨▨▨▨▨▨▨▨▨▨▨▨▨▨▨▨▨▨▨▨▨▨▨▨▨▨

　従前の合意において公正証書が作成されていた場合，あるいは調停等調書が作成されていた場合，その合意内容が記載された従前文書を特定する必要があります。

　上記条項例のとおり文書を特定し，変更事項を以下に記載することとなります。

条項例4-25　一括払いの合意

　1　（条項例4-1の条項）

　2(1)　甲は，乙に対し，前項の未成年者の●年●月から同人が●歳に達する月までの養育費として●●●万円の支払義務があることを認め，これを乙が離婚届を提出したことを甲が確認してから2週間以内に，●●銀行●●支店の「乙」名義の普通預金口座（口座番号●●●●●●●）に振り込む方法により支払う。振込手数料は，甲の負担とする。

　　(2)　乙は，甲に対し，前項の未成年者につき，学費，医療費等の特別の費用を必要とする場合にも，その負担を求めないことを約束する。

▨▨ **解　説** ▨▨▨▨▨▨▨▨▨▨▨▨▨▨▨▨▨▨▨▨▨▨▨▨▨▨▨▨▨▨▨▨▨▨▨▨▨▨

　この条項例は，甲と乙が養育費の一括払いについて合意ができた場合のサンプルです。

　養育費の一括払いについて合意をすることは，一般的ではないものの，一括払いの場合には支払総額が下がることが多いため，資力がある場合には一括払いの合意をすることもあります。

　なぜ，一括払いの場合には支払総額が下がることが多いかというと，中間利息の控除が考慮されるからです。

　例えば月額3万円の養育費だとして，残り18年間の養育費の支払義務があ

るとします。この場合，支払総額は648万円（＝月額３万円×12か月×18年）ということになります。しかし，中間利息を控除すれば，計算方法にもよりますが，約495万円に圧縮（（注）ライプニッツ係数（年金原価表，18年＝13.75351308）を使用し，３万円×12か月×13.75351308で計算）されます。

　すなわち，中間利息が控除されることにより，18年分の養育費が，約14年弱分に圧縮されるというわけです。

　もっとも，冒頭で記載したとおり，一括払いの合意は，実務では決して一般的とは言えません。権利者側で一括払いの合意を希望するのであれば，中間利息の控除によりいかに義務者側に経済的合理性があるかをアピールするのがポイントになるでしょう。

条項例４-26　養育費──銀行等の自動送金サービスを利用する場合

1　（条項例４-１の条項）
2　甲は，乙に対し，前項の振込みについて，「自動送金サービス」(注1)を利用して行うこと及び令和●年●月●日までに，●●銀行(注2)との同サービス契約締結の申込みをすることを約束する。同契約に係る費用（振込手数料を含む。）は甲の負担とする。

（注１）金融機関ごとにサービスの名称が異なるので，利用する銀行でのサービスの名称の記載が可能な状況であれば記載する。
（注２）金融機関名が特定できる場合には，銀行名を記載する。

解　説

　この条項例は，養育費の支払方法について，義務者が手動で送金するのではなく，金融機関等が提供している自動送金サービス（毎月決まった日に特定の口座に送金することを目的とするサービス）を利用することを合意する場合のサンプルです。

第４章　養育費

　例えば，福岡家庭裁判所（本庁家事部）において，養育費の不払い解消に向けた取組の一環として，令和5年1月より，当事者双方が自動送金サービスを利用することに合意した場合，調停条項に自動送金サービスに関する条項を記載する運用が始まっています。

　特に権利者としては，将来の養育費の支払がきちんと履行されるか不安に感じる人も多いと思われます。自動送金サービスを利用すれば，送金元の口座に残金がある限りにおいて，養育費の支払が自動でされますので，手動送金の場合に発生し得る送金のし忘れを防止する効果が期待できます。権利者側として，義務者が手動送金をしなくなったり，忘れたりする可能性を懸念するのであれば，自動送金サービスを積極的に利用すべきでしょう。一方，義務者側にとっても，養育費の支払を失念してしまうことを防ぐことや，養育費の送金手続の手間を省略するというメリットも存在します。

　なお，養育費の金額が変更された場合や，養育費の支払義務が終了した場合など，送金金額の変更や送金の必要がなくなった場合には，義務者の側で，忘れずに自動送金サービスの利用内容の変更や停止をする必要がありますので，注意が必要です。また，各金融機関によって，手数料や利用可能期間などの条件が異なりますので，本合意締結前に，「自動送金サービス」を利用する金融機関の利用案内等を確認すべきでしょう。

第5章 | 婚姻費用

条項例5−1 婚姻費用──基本

　　甲は，乙に対し，婚姻費用分担金として，令和●年●月から当事者の
離婚又は別居状態の解消に至るまで，毎月●円の支払義務があることを
認め，これを毎月末日限り，乙名義の預金口座（●銀行●支店口座番号
●●）に振り込む方法により支払う。振込手数料は甲の負担とする。

解　説

　　この条項例は，乙が権利者であり甲が義務者である事案について，婚姻費
用の金額及びその支払方法等について合意する場合のサンプルです。条項の
中では，当事者が合意した婚姻費用の金額を明記します。当事者間で，婚姻
費用（別居時の生活費）の負担について，合意しているケースもありますが，
多くは口頭での約束にとどまり，合意内容を書面化していないケースが多い
と思われます。後に婚姻費用の金額について争いとならないよう，合意内容
は書面化すべきといえます。この条項例は，将来の婚姻費用の支払義務につ
いて定める基本となる条項ですが，合意成立時において，既に未払い婚姻費
用が発生している場合も考えられます。未払い婚姻費用を清算する場合の条
項例については，条項例5−2を参照してください。

条項例5-2　未払い分の清算 —— 一括

1　（条項例5-1の条項）

2　甲は，乙に対し，令和●年●月から令和●年●月までの未払いの婚姻費用分担金として，合計●円の支払義務があることを認め，甲は乙に対し，本日同額を交付し，乙はこれを受領した。

【振込みによる支払とする場合】

2　甲は，乙に対し，令和●年●月から令和●年●月までの未払いの婚姻費用分担金として，合計●円の支払義務があることを認め，これを令和●年●月●日限り，前項記載の乙名義の預金口座に振り込む方法により支払う。振込手数料は甲の負担とする。

■ **解　説** ■

　この条項例は，婚姻費用の支払開始月が合意され，合意成立時までに未払金が発生している場合，未払金の清算方法を一括での支払と定めて合意する場合のサンプルです。別居開始直後から，婚姻費用が満額支払われるケースは多くはありません。また，婚姻費用の金額について合意が成立せず，暫定的な金額での支払が一定期間継続し，暫定額と合意金額との差額の清算が必要なケースもあります。未払金の清算方法については，一括払いと分割払いの方法が考えられます。義務者の将来的な所得に不安がある場合などは，一括払いの方法が望ましいでしょう。また，婚姻費用分担調停が不成立となって審判に移行した場合には，未払金の清算方法は一括での支払を命じられる可能性が非常に高いです。義務者として未払金の分割払いを希望する場合には，後述する分割払いの方法での合意を目指すべきといえるでしょう。

条項例5-3　未払い分の清算 —— 分割

1　（条項例5-1の条項）
2　甲は，乙に対し，令和●年●月から令和●年●月までの未払いの婚姻費用分担金として，合計●万円の支払義務があることを認め，これを令和●年●月から令和●年●月まで，月額●万円を，毎月末日限り，前項記載の乙名義の預金口座に振り込む方法により支払う。振込手数料は甲の負担とする。

■ 解　説 ■

　この条項例は，婚姻費用の支払開始月が合意され，合意成立時までに未払金が発生している場合，未払金の清算方法を分割での支払と定めて合意する場合のサンプルです。婚姻費用の金額が確定するまでに時間を要した場合や，金額が確定するまで婚姻費用を一切支払っていなかった場合には，婚姻費用の未払金の金額が高額になることも多いです。そして，義務者としては，合意成立以降の婚姻費用に加え，未払金の清算も行わなければなりません。この条項例には，未払金の清算を分割払いで行うことにより，義務者の負担を軽くするメリットがあります。一方，権利者にとっても，義務者の支払可能な範囲で支払を継続してもらうことにより，未払金全額の回収を見込めるというメリットがあります。なお，分割金の支払を怠った場合に備え，懈怠約款付きの条項とすることも考えられます。懈怠約款付きの条項例は，条項例6-2を参照してください。

第5章　婚姻費用

条項例5-4　子の病気 —— 進学時の加算可能性

1　（条項例5-1の条項）
2　甲及び乙は，甲乙間の子丙（令和○年○月○日生）の進学，病気による高額の医療費など，特別の費用の負担については，前項の婚姻費

用には含まれない費用として，別途協議してその負担割合を定めるものとする。

■ 解　説 ■

　この条項例は，夫婦間に子が存在する場合，子の進学，病気等による特別費用について，別途協議してその負担割合を定めることを合意する場合のサンプルです。婚姻費用の支払終期は，原則として，離婚又は同居するまでです。婚姻費用の支払が継続している途中で，子が進学したり，病気等により高額の医療費の負担（特別費用）が発生したりする場合が考えられます。この条項例を設けることにより，特別費用について，特別費用が発生した際に別途協議することを確認することができます。

　婚姻費用の標準的な算定方式や算定表において，14歳までの子については，公立中学校の学校教育費が考慮され，15歳以上の子については，公立高等学校の学校教育費が考慮されています。しかしながら，私立学校の学費は，公立学校の学費よりも高額であり，標準算定方式では考慮されていません。そのため，特別費用について，義務者に負担させないとした場合には，権利者の負担が増大することになります。この条項例を設けることで，権利者にとって，義務者に協議を持ち掛けるきっかけとなることが期待できるでしょう。

条項例5-5　ボーナス時加算

　甲は，乙に対し，婚姻費用分担金として，令和●年●月から当事者の離婚又は別居状態の解消に至るまで，次のとおり，毎月末日限り，乙の指定する下記記載の預金口座に振り込む方法により支払う。振込手数料は，甲の負担とする。

(1)　1か月●万円

(2)　毎年7月及び12月に各々金●万円を加算する。

■ 解　説 ■

　この条項例は，婚姻費用の金額及びその支払方法等について，義務者の賞与支給月に支払金額を増額する場合のサンプルです。婚姻費用の標準的な算定方式や算定表においては，賞与の金額も合計した年収を基礎として婚姻費用の算定が行われます。そのため，賞与が支給されない月においては，義務者の負担が大きくなる場合が想定されます。賞与支給月とそれ以外で金額に差を設け，賞与支給月に婚姻費用を多めに支払う一方，それ以外の月は金額を低めに設定することで，義務者の月々の負担を軽減する効果が期待できるでしょう。

　一方，住宅ローンや自動車ローンの支払において，賞与支給月の返済額の増額（いわゆるボーナス払）が設定されている場合があります。このような場合には，婚姻費用以外の支出も高額になりますので，義務者がこの条項例を利用する場合には，賞与支給月の支払が可能かどうかを十分に考慮する必要があるでしょう。

　権利者にとっては，賞与支給月より前に離婚又は別居状態の解消がされた場合，受領できる婚姻費用の合計額が，賞与支給月の分減少してしまう可能性があります。離婚又は別居状態の解消がいつなされるかは予想が困難ですので，月額を一定額とするか賞与支給月の増額を認めるかは，十分に考慮すべきでしょう。

条項例5-6　2か月，3か月ごとの支払とする場合

　甲は，乙に対し，婚姻費用分担金として，令和●年●月から当事者の離婚又は別居状態の解消に至るまで，1回当たり，●円の支払義務があることを認め，これを1月，3月，5月，7月，9月及び11月（※3か

第5章　婚姻費用

月ごとの場合：１月，４月，７月及び10月）の各月末日限り，乙名義の
預金口座（●銀行●支店口座番号●●）に振り込む方法により支払う。
振込手数料は甲の負担とする。

解 説

　この条項例は，婚姻費用の金額及びその支払方法等について，２か月又は
３か月ごとに支払う合意をする場合のサンプルです。振込送金の方法による
場合，その振込手数料は，義務者が負担することが一般的です。そのため，
支払月を２か月（あるいは３か月）ごとに定めることは，振込手数料を削減す
るという点で，義務者にとってメリットがあるといえます。また，義務者の
職種により，収入額が定額ではない場合，支払月を毎月と定めないことによ
り，支払の原資を確保しやすくなるということも期待できるでしょう。

　他方，権利者にとっては，養育費が支払われない月が生じることになりま
すので，その点に留意して合意する必要があるでしょう。さらに，婚姻費用
の終期は，養育費と異なり，離婚又は別居状態の解消に至るまでとされてい
ますので，支払月以外の月に終期が到来した場合，１か月又は２か月分の婚
姻費用を受領することができなくなる可能性にも留意する必要があるでしょ
う。

条項例５-７　婚姻費用――銀行等の自動送金サービスを利用する
場合

1　（条項例５-１の条項）
2　甲は，乙に対し，前項の振込みについて，「自動送金サービス」[注1]
　を利用して行うこと及び令和●年●月●日までに，●●銀行[注2]と
　の同サービス契約締結の申込みをすることを約束する。同契約に係る
　費用（振込手数料を含む。）は甲の負担とする。

> （注１）　金融機関ごとにサービスの名称が異なるので，利用する銀行でのサービスの名称の記載が可能な状況であれば記載する。
> （注２）　金融機関名が特定できる場合には，銀行名を記載する。

解　説

　この条項例は，婚姻費用の支払方法について，義務者が手動で送金するのではなく，各金融機関が提供している自動送金サービス（毎月決まった日に特定の口座に送金することを目的とするサービス）を利用することを合意する場合のサンプルです。

　例えば，福岡家庭裁判所（本庁家事部）において，養育費の不払い解消に向けた取組の一環として，令和５年１月より，当事者双方が自動送金サービスを利用することに合意した場合，調停条項に自動送金サービスに関する条項を記載する運用が始まっています。婚姻費用についても，振込みによる支払が一般的ですので，養育費と同様に自動送金サービスを利用することが可能といえます。

　特に権利者としては，月々の生活費である婚姻費用の支払がきちんと履行されるか不安に感じる人も多いと思われます。自動送金サービスを利用すれば，送金元の口座に残金がある限りにおいて，婚姻費用の支払が自動でされますので，手動送金の場合に発生し得る送金のし忘れを防止する効果が期待できます。

　そのほかメリット等は条項例４−26の解説（92頁）をご参照下さい。

条項例５−８　子の年齢に応じた段階的な合意

１　甲は，乙に対し，婚姻費用分担金として，令和●年●月から当事者の離婚又は別居状態の解消に至るまで，毎月●円の支払義務があることを認め，これを毎月末日限り，乙名義の預金口座（●銀行●支店口座番号●●）に振り込む方法により支払う。振込手数料は，甲の負担

とする。

2　甲は，乙に対し，前項記載の婚姻費用分担金について，甲乙間の子
丙（令和○年○月○日生）が満15歳に達する日の属する月（令和●年
●月）以降は，毎月●円に増額して，当事者の離婚又は別居状態の解
消に至るまで支払う。支払期限，支払方法及び手数料については，前
項と同様とする。

■■■ 解 説 ■■■■■■■■■■■■■■■■■■■■■■■■■■■

　この条項例は，婚姻費用の金額について，子の年齢に応じて段階的に合意
する場合のサンプルです。婚姻費用の標準的な算定方式や算定表において，
14歳までの子よりも15歳以上の子のほうが，生活費指数が高く設定されてい
ます（裁判所ウェブサイト「平成30年度司法研究（養育費，婚姻費用の算定に関する実
証的研究）の報告について―研究報告の概要」）。したがって，権利者としては，子
が15歳になった場合には，婚姻費用の金額を増額することも検討すべきで
しょう。もっとも，養育費とは異なり，婚姻費用の支払義務は，離婚又は別
居状態の解消により消滅します。そのため，子の年齢に応じた段階的な合意
をする必要性は，別居時に子が14歳であるなどの場合に特に高まるといえる
でしょう。

　また，婚姻費用の金額は，当事者間での合意が成立する限りにおいて，自
由に定めることが可能です。したがって，生活費指数が増加する満15歳に限
らず，進学時の年齢に対応して婚姻費用の増額を定める方法も可能です。い
ずれの場合でも，金額が変わる月と増額後の金額を明記する必要があるで
しょう。

条項例5-9　学費の費用の分担

1　（条項例5-1の条項）

2　甲は，乙に対し，甲乙間の子丙（令和○年○月○日生）の大学の入
学金，学費及び施設利用料等の諸費用の半額の支払義務があることを
認め，入学金については令和●年3月末日限り，学費及び施設利用料
等の諸費用については，各納付期限の1か月前までに，前項と同様の
方法により支払う。振込手数料は甲の負担とする。

【負担金額を明確に定める場合】
2　甲は，乙に対し，甲乙間の子丙（令和○年○月○日生）の大学の入
学金，学費及び施設利用料等の諸費用のうち，●万円の支払義務があ
ることを認め，これを令和●年●月末日限り，前項と同様の方法によ
り支払う。振込手数料は甲の負担とする。

■ 解　説 ■

　この条項例は，いわゆる特別費用に該当する子の学費について，義務者と
権利者との間で負担割合を定める場合のサンプルです。負担割合の決め方と
しては，①学費等の実費について，半額など割合を定める，②義務者が負担
する金額の上限を定めるなどの方法が考えられます。①について，月々の婚
姻費用の支払により，義務者と権利者の生活費が同額になると考え，特別費
用の負担割合を，収入額による按分ではなく，50パーセントとすることにも
合理性はあるといえるでしょう。②の場合には，義務者の支払金額の上限を
定めることにつながり，子が医学部等の高額な学費が掛かる学部に進学した
場合でも，支払金額を抑えることができるでしょう。

第5章　婚姻費用

条項例5-10　第三者が連帯保証

1　（条項例5-1の条項）
2　丙は，甲が乙に対して有する前項記載の婚姻費用の支払債務につい

て，丙が甲と連帯して保証する。丙は，甲と連帯して，乙に対し，前項と同様の期日及び方法により，前項の婚姻費用分担金を支払う。ただし，その連帯保証の期間は，丙が生存する期間とする。

解　説

　この条項例は，婚姻費用の支払義務について，第三者である甲の父親丙が連帯保証をすることを定める場合のサンプルです。当該連帯保証契約が有効に成立するためには，当事者間である（元）夫婦間の合意だけでは足りず，婚姻費用の権利者と連帯保証人との間で合意することが必要になります。本条項例は，合意書を作成するに際して，連帯保証人を合意の当事者として記載する方法により，婚姻費用の権利者と連帯保証人との間で合意を成立させています。その他の方法として，婚姻費用に関する合意書を当事者として作成した上で，別途，婚姻費用の権利者と連帯保証人との間で，連帯保証契約書を作成する方法も考えられます。この場合には，契約書が2通作成されることになるため，連帯保証契約書の条項の文言に「…令和●年●月●日付甲乙間で作成した「合意書」記載の婚姻費用…。」と明記するなど，契約書の関係を明確にすべきでしょう。

条項例5-11　不請求の合意

　乙は，甲に対し，別居期間中の婚姻費用を請求しない。

解　説

　この条項例は，別居期間中の婚姻費用について請求しないことを定める場合のサンプルです。婚姻費用の分担義務は，夫婦間の扶助義務（民752条）に基づくものですが，権利者が請求しない場合には，義務者も支払う必要がなくなります。夫婦間で，婚姻費用の請求をしない合意をした場合には，合意

内容を書面化しておくことは，後日婚姻費用の請求がされた場合に有用といえるでしょう。

　夫婦間に未成年者の子がいる場合には，夫婦の双方の収入がほぼ同額であっても，婚姻費用の金額が高くなることもあります。一方，夫婦共働きの場合で子がいない場合には，夫婦双方の収入がほぼ同じ場合には，婚姻費用の相当額が低額になることも考えられます。婚姻費用の相当額が低額になる場合には，権利者として請求しないという選択を採ることも考えられます。

　また，離婚を前提としない別居の場合に，義務者が住宅ローンを負担している場合など，婚姻費用以外の出費を考慮して，婚姻費用を請求しないという合意をすることも考えられます。

条項例5‑12　懈怠約款付き

1　（条項例5‑1の条項）
2　甲が，前項の婚姻費用の支払を怠った場合には，乙に対し，婚姻費用未払金及びこれに対する支払期限の翌日から支払済みまで年●パーセントの割合による遅延損害金を直ちに支払う。

【違約金の金額を定める場合】
2　甲が，前項の婚姻費用の支払を怠った場合には，乙に対し，支払の遅滞1回につき，金●万円を直ちに支払う。

■■　解　説　■■■■■■■

　この条項例は，婚姻費用の支払義務を履行しない場合の懈怠約款を定める場合のサンプルです。婚姻費用の請求権は，原則として，毎月支払期限が到来する定期金債権です。また，婚姻費用の支払終期は明確に定めがあるわけではないため，支払総額も未確定です。そのため，慰謝料の分割払いのような，分割金の支払を怠った場合の期限の利益喪失約款を設けることは難しい

でしょう。この条項例は，遅延損害金の利率をあらかじめ設定するものであり，支払が滞った場合に備えるとともに，義務者に期限内の履行を促す効果が期待できます。

　また，義務者が婚姻費用の支払を遅滞するたびに，違約金を支払う合意をすることも考えられます。1回につき違約金の金額を定めたり，遅滞の回数が一定回数を超えた場合に違約金を発生させる形で定めたりすることも可能です。

　なお，強制執行認諾文言付き公正証書で合意した場合や，婚姻費用分担調停などで婚姻費用に関する合意をした場合には，裁判所等の手続を経ずに，婚姻費用等の不履行部分だけでなく，将来の婚姻費用等についても強制執行することが可能となります（民執151条の2）。義務者が支払を怠る可能性が高い場合には，婚姻費用分担調停などの利用も検討されるとよいでしょう。

条項例5-13　私学加算の合意

1　甲及び乙は，当事者間の子が私立学校に進学することを合意する。

2　甲は，乙に対し，子が私学に進学した場合は，その学費相当額を第
　●条の婚姻費用に上乗せして支払う。

■ **解　説**

　この条項例は，別居時の婚姻費用について，子どもが私学に通う予定がある場合の学費の支払方法の合意をした場合のサンプルです。調停や審判で婚姻費用を合意する場合には，全て考慮の上で婚姻費用の金額が決まります。そのため，別途私学合意の条項を記載することはありません。

　しかし，協議の場合は，私学への通学が予定されている場合などは，これを考慮した婚姻費用の取決めも含めなければ，また再度協議を行わなければならないことになり，後に争いを残すことになります。

　そのため，私学に通うことについてまず合意していること，私学への通学

で通常の婚姻費用の算定で考慮されているよりも多くの教育費が掛かる場合は，その負担割合について明確に記載しておくことになります。

条項例5-14　義務者が支払う賃貸住宅に権利者が住んでいる場合

甲は，乙の居住する賃貸住宅（△△県○○市○町×丁目●-●　マンション◎号室）の賃料を，離婚成立又は別居解消，乙の引っ越しまで継続して支払う。

ただし，賃料については第●条記載の婚姻費用から差し引くものとする。

■ 解　説 ■

この条項例は，乙が甲の契約する賃貸住宅に住み続けており，甲が賃料を支払っている場合のサンプルです。条項の中では，婚姻費用から賃料を差し引いて，甲が賃料を支払うこととしています。

資力がないために新しい家を契約することもできず，帰る実家もないという場合には，離婚に向けて生活を立て直すためにも時間が必要かと思います。そのため，契約者の変更が難しい場合は，当面の間の居住とその賃料支払についての合意をすることが考えられます。

ただし，この場合には，婚姻費用を満額支払っているのに家賃を滞納されたなどの問題が発生することが考えられるため，賃貸契約をしている人が賃料を支払うこととしておくほうがよいでしょう。

第5章　婚姻費用

条項例5-15　義務者所有の物件に権利者が居住している場合

甲は，乙に対し，住居関連費として，乙が甲所有の物件に居住している間は，婚姻費用として，月額●●万円の支払義務があることを認め，

これを毎月末日限り，乙名義の●●銀行●●支店普通預金口座（番号●
●●●●●）に振り込む方法により支払う。なお，振込手数料は甲の負
担とする。

　この条項例は，乙が甲の所有する物件に居住しており，甲が家を出た場合
の，婚姻費用についての考え方を取り決めたサンプルです。条項の中では，
住宅ローンの支払や，乙の収入に応じた住居関連費（算定表上考慮されている金
額）について，考慮した内容を記載します。

　自宅に住んでいることを考慮して，婚姻費用の金額を調整することも考え
られますが，あえて別居の合意をして，婚姻費用についても協議で取決めを
行うのであれば，自宅から退去した場合等も想定し，分かりやすく記載する
ほうが，当事者の事後的な争いを避けられます。

条項例5-16　権利者と義務者が同居している場合

　甲は，乙に対し，同居中の生活費として，離婚の成立又は別居の開始
まで，月額●万円の支払義務があることを認め，これを毎月末日限り，
乙の指定する口座に振り込むことにより支払う。振込手数料は甲の負担
とする。

■ 解　説 ■

　この条項例は，甲と乙が同居のまま離婚の協議をしている場合について，
甲及び乙が婚姻費用の合意をする場合のサンプルです。

　改定標準算定式は別居を前提として作成されているため，同居の場合にこ
れをそのまま当てはめることはできません。しかし，離婚協議中もこれまで
と同様に生活費の負担をし，経済的には同じ様に生活するというのはどうし

ても難しく，生活費を渡されなくなったという事案もあります。

　実際に支払われなくなった場合などは，これまで支払われていた金額と，改定標準算定方式を用いた金額を参考にして取り決めることになります。この場合，終期の設定も，離婚の成立又は別居の開始などになってきます。

条項例5‐17　別居しているが子が行き来している場合

　甲は乙に対し，甲乙間の子●●の週３日の監護にかかる生活費として，月額●万円を乙指定の口座に振り込むことにより支払う。振込手数料は甲の負担とする。

■ **解　説**

　この条項例は，甲と乙が別居するにあたって，甲乙間の子が行き来している場合のサンプルです。条項自体はシンプルに，別居の際の婚姻費用に加えて記載することも考えられます。

　しかし，子が行き来している場合は，その監護形態が何度も変更になることが多く，その都度婚姻費用全体を見直すことになります。そのため，子どもの生活費を別途取り決めておくことで，改めて見直す際にも金額に関しては，標準算定方式の養育費の金額から，どちらが教育費を支払っているかなどを考慮して，決めることができます。

第5章　婚姻費用

条項例5‐18　直ちに名義を変更できない支出の考慮

【例１】

1　甲は，乙に対し，別居期間中の婚姻費用分担金として，令和●年から当事者双方が同居又は婚姻解消に至るまでの間，月額●万円（現在乙が居住している甲所有の住居の住居費，固定電話料及びインター

ネット使用料の合計●万円を含む。）を，毎月末日限り，乙名義の●銀行●支店の普通預金口座（口座番号●）に振り込む方法により支払う。振込手数料は甲の負担とする。

【例2】

1(1)　甲は乙に対し，別居期間中の婚姻費用分担金として，……月額●万円を，毎月末日限り，（乙名義の普通預金口座に振込みで）支払う。

　(2)　乙は，甲に対し，自動車の使用料として，令和●年●月から月額●万円を支払うこととし，これを，毎月末日限り，（甲名義の普通預金口座に振込みで）支払う。

■ 解　説 ■

　この条項例は，毎月の婚姻費用分担金の総額については争いがない一方，毎月の婚姻費用分担金に含まれるべき生活費実費を，義務者から権利者に変更できない場合の記載です。

　例えば，【例1】では，甲名義の自宅に居住しているのが乙で，居宅内には契約名義人が甲のままとなっている固定電話料金，インターネット料金（使用者も乙）があるものの，この名義を乙に変更できない，あるいは近日中に乙が転居予定で，あえて乙に名義変更するほうがかえって煩雑である（転居後すぐにまた甲に戻さなければならない。）事情がある例です。

　【例2】では，甲名義の自動車を乙が使用している状況があり，乙が使用料負担に応じる一方，執行力を伴う婚姻費用の金額を満額に維持したいという乙の希望があった例です。

　権利者からすれば，婚姻費用をなるだけ満額得たいと考える一方，義務者からすれば，自分が負担する権利者の生活費実費を婚姻費用分担金から控除したいと考えるため，主張がしばしば対立します。

　そのため，満額について執行力を認めつつ，控除すべき実費が生じること

を考慮し，これが満額に含まれていると記載する方法（例1），あるいは，別
項目で権利者側の負担を規定する方法（例2）で，合意を見出すものとして
有用です。

第6章 慰謝料

条項例6‐1 一括──送金

　甲は，乙に対し，離婚に伴う慰謝料として，金●●万円の支払義務があることを認め，これを●年●月末日限り，乙名義の●●銀行●●支店普通預金口座（番号●●●●●●）に振り込む方法により支払う。なお，振込手数料は乙の負担とする。

■解説■

　この条項例は，甲と乙の離婚に際して，甲が有責配偶者であり，慰謝料を支払うという事案について，甲が慰謝料を一括で送金する場合のサンプルです。条項の中では，当事者が示談で合意した金額を明記します。名目としては，「慰謝料」，「損害賠償」，「解決金」が考えられます。不貞行為など，原因がはっきりとしている場合，実務上「慰謝料」を選択する場合が多い印象です。早期解決のために支払う場合は「解決金」が選択されます。金銭の支払については，金額に加えて支払方法も重要となります。サンプルでは，一括払いで，かつ，送金の方法を紹介しています。分割払いの条項例については，条項例6‐2を，手交する場合の条項例については，条項例6‐3を参照してください。

条項例6‐2 分割──懈怠約款

　1　甲は，乙に対し，慰謝料として，金●●万円の支払義務があること

を認め，これを次のとおり分割して，乙名義の●●銀行●●支店普通預金口座（番号●●●●●）に振り込む方法により支払う。なお，振込手数料は乙の負担とする。

　⑴　●年●月末日限り　金●万円

　⑵　●年●月から●月迄毎月末日限り　金●万円（計●回）

　2　甲が前項の分割金の支払を怠り，その額が金●万円に達したときは，当然に同項の期限の利益を失う。

【遅延損害金についても付ける場合】

　2　甲が前項の分割金の支払を怠り，その額が金●万円に達したときは，当然に同項の期限の利益を失い，甲は，乙に対し，第1項の金員から既払い金を控除した残金及びこれに対する期限の利益を喪失した日の翌日から支払済みまで年5分の割合による遅延損害金を支払う。

■ 解　説

　この条項例は，金額までの記載は条項例6‐1と同様ですが，支払方法を分割とし，分割金の支払を怠った場合には，期限の利益（分割で支払うことができる利益）を喪失する旨を記載しています。本サンプルは，頭金としていくらか支払い，残りを分割とする場合の条項例となっています。

　何回で支払うかも記載しておくと，総額と分割期間の相違がないか等確認がしやすいため，実務上は記載することが多いです。

　期限の利益喪失の条項は，1回でも支払を怠った場合には一括で支払うこととすることもありますが，2か月，3か月を猶予として持たせることが多い印象です。

　遅延損害金の規定を記載する場合は，法定利息の年3分ではなく，年5分などで合意（約定利率）することもあります。

条項例6-3　一括——手交

【当日支払の場合】

　甲は，乙に対し，慰謝料として，金●●万円の支払義務があること，本日，これを支払済みであることを確認した。

【後日支払の場合】

　甲は，乙に対し，慰謝料として，金●●万円の支払義務があることを認め，●年●月●日，乙の自宅において，乙に支払う。

■ **解　説**

　この条項例は，離婚慰謝料を手交する場合の記載例です。

　慰謝料を手交する場合は，合意書の作成も同時に行うことが多いため，サンプルのように既に支払済みであることの確認とします。

　後日の支払の場合は，支払の日と，場所を明記する必要があります。

条項例6-4　不貞相手に慰謝料を請求しない合意

　乙は，甲の不貞相手●●●●に対する慰謝料請求権を放棄する。

■ **解　説**

　この条項例は，甲が不貞行為を行ったことが原因で乙が甲に対し離婚慰謝料を請求している事案について，不貞相手に対しては慰謝料を請求しない旨の合意を，示談で合意する場合のサンプルです。

　あくまでも甲と乙の二者間の合意ではあるものの，慰謝料の支払の条件として当該条項を入れることを提案されることはあり，その場合には，二人分の慰謝料を配偶者が支払うこととなります。

条項例6-5　不貞以外を原因とするもの——暴力

　甲は，乙に対し，損害賠償債務として，金●●万円の支払義務があることを認め，これを●年●月末日限り，乙の指定する口座に振り込む方法により支払う。なお，振込手数料は甲の負担とする。

■ 解　説

　この条項例は，不貞以外の暴力などを原因として，慰謝料を請求する場合の，離婚協議書への例です。

　暴力により実際に怪我を負ったなどの事情がある場合は，「慰謝料」ではなく，「損害賠償」と記載することもあります。その他の記載方法や，分割払いなどは，不貞の場合の慰謝料の記載と同じようになります。

条項例6-6　被害者と不貞相手との示談

　●●●●（以下「乙」という。）と●●●●（以下「丙」という。）は，丙が乙の配偶者甲と不貞行為を行った件（以下「本件」とする。）による乙の丙に対する損害賠償請求について次のとおり示談する。

　丙は，乙に対し，慰謝料として，金●●万円の支払義務があることを認め，これを●年●月末日限り，乙名義の●●銀行●●支店普通預金口座（番号●●●●●●●）に振り込む方法により支払う。なお，振込手数料は丙の負担とする。

【振込先口座を特定しない場合】

　丙は，乙に対し，慰謝料として，金●●万円の支払義務があることを認め，これを●年●月末日限り，乙の指定する口座に振り込む方法により支払う。なお，振込手数料は丙の負担とする。

■ 解 説 ■

　この条項例は，丙が乙の配偶者甲と不貞行為を行った事案について，乙及び丙が示談をする場合のサンプルです。条項の中では，当事者が示談で合意した金額を明記します。名目としては，「慰謝料」，「損害賠償」，「解決金」が考えられます。不貞行為の場合，財産的損害ではなく精神的損害であるため，実務上「慰謝料」を選択する場合が多い印象です。金額に関しては，支払方法も重要となります。サンプルでは，一括払いで，かつ，支払方法（送金の場合）を紹介しています。分割払いの条項例については，条項例6‐2を，手交する場合の条項例については，条項例6‐3を参照してください。

条項例6‐7　違約金条項

1　丙は，乙に対し，正当な理由なく，面会，電話，メール等手段の如何を問わず，甲と私的な接触しないことを誓約する。
2　丙は，乙に対し，前項の誓約に反して，丙から甲に対して再度の不貞行為が明らかになった場合は，違約金100万円を支払う。

■ 解 説 ■

　この条項例は，丙が乙の配偶者甲と不貞行為を行った事案について，乙及び丙が示談をする場合のサンプルです。条項では，再度の不貞行為があった場合の損害賠償の予定を記載しています。この場合，損害賠償の予定金額を明記します。

　不貞行為の場合，連絡をとらないことや，会わないことなどの接触を禁じる内容を条項に入れることも多いです。職場が同じ場合などは，「私的な」接触と限定したり，「正当な理由なく」と記載するなどして，限定的にすることが多いです。

　しかし，連絡をとったことのみをもって，再度の不貞行為と認定することは難しいため，あくまでも違約金が発生するのは再度の不貞行為が明らかに

なった場合に限定するなど，後々に争いを残さないためにも，違約金条項の設定には注意が必要です。

条項例6−8　慰謝料の支払につき連帯保証人を付ける場合

1　甲は，乙に対し，慰謝料として●●円の支払義務があることを認め，これを令和●年●月末日限り，乙名義の●銀行●支店の普通預金口座（口座番号●）に振り込む方法により支払う。なお，振込手数料は甲の負担とする。

2　丙は，乙に対し，甲の前項の債務について，連帯して保証する。

■ 解　説 ■

　本条項は，慰謝料の支払について第三者に連帯して保証する場合の例です。

　慰謝料の金額が高額である場合，債務者が資力に乏しい場合などでは，例えば債務者の親族などが協力し債務を連帯保証することで，解決を図れる場合があります。

　もちろん，連帯保証を有効なものとするためには，保証人となる者が手続に参加していること（任意の協議では，意思確認のうえ合意書に署名押印する。調停手続では利害関係人として参加する。）が必須です。甲の親族である丙が，「夫婦の問題は夫婦で解決してほしい。」として保証を拒否することも多いため，保証契約の締結はあくまで補充的な対応であることを念頭に置いておく必要があります。

条項例6−9　不貞相手が参加する形での三者間和解

1　甲及び丙は，乙に対し，甲丙間の不貞関係により，甲乙間の婚姻関係が破綻したことについて，心から謝罪する。

2　甲及び丙は，乙に対し，連帯して，慰謝料●●万円の支払義務があることを認め，これを●年●月末日限り，乙が指定する口座に振り込む方法により支払う。振込手数料は，甲の負担とする。

3　甲乙双方及び丙は，甲と乙との間，乙と丙との間には，本件に関し，本合意に定めるもののほか，何らの債権債務がないことを相互に確認する。

解　説

　この条項例は，不貞慰謝料に関し，不貞相手も参加する形での三者間和解をする場合のサンプルです。例えば，「甲＝夫」，「乙＝妻」，「丙＝不貞相手の女性」が，想定されます。

　不貞行為は，共同不法行為なので，甲乙間の離婚協議書に丙の参加がない場合，離婚協議書を交わした後であっても，乙が丙に対し，別途慰謝料を請求することは可能です。

　丙の慰謝料分も含めて，甲が，相当額の慰謝料を支払うことになる場合，離婚協議書に丙を参加させておかなければ，乙が丙に対し別途慰謝料を請求し，思わぬ紛争になることがあり得ます。

　そのような紛争を回避するために，可能な限り，不貞相手（丙）も参加させた形で合意を交わすのが望ましいと言えます。

条項例6-10　求償権放棄

1　丙は，乙に対し，慰謝料●万円の支払義務があることを認め，これを●年●月末日限り，乙が指定する口座に振り込む方法により支払う。振込手数料は，丙の負担とする。

2　丙は，前項の慰謝料が，甲丙間の共同不法行為にかかる，丙固有の負担割合部分であることを認め，甲に対する求償権を放棄する。

　この条項例は，例えば「甲＝乙の夫」，「乙＝不貞行為被害者（妻）」，「丙＝不貞行為加害者（女性）」で，甲と丙が，不貞行為を行ったという場面を想定し，乙丙間で示談書（資料2参照）を交わし慰謝料を支払う場合に，丙が甲に対して有する求償権を事前に放棄するという場合のサンプルです。

　不貞行為は，共同不法行為ですから，被害者（乙）は，甲及び丙のどちらの加害者を選択し，その選択したほう（ここでは丙）にのみ慰謝料の全額を請求することが可能です。

　そして，丙は，乙に慰謝料を支払った後に，甲に対して，その責任割合部分（例えば50％）の額を請求することは可能です（求償権の行使）。

　しかし，例えば，甲と乙が離婚に至ってはいない場合等では，財布が共通なことが多く，被害者側と加害者側でお金が循環するだけになり迂遠です。

　そこで，予め，求償権を放棄する代わりに，本来の損害額よりも低い額で示談をするということがあり，そのような場合に使う条項例になります。

第7章　婚前契約

条項例7-1　夫婦別産制

婚前契約書 ^(注1)

第1条（婚姻）

　　甲と乙は婚姻することを前提に，互いの財産や権利について，合意する。合意を証するため，本契約書を作成する。

第2条（目的）

　　本契約は，甲及び乙が婚姻に際して所有する財産，及び婚姻後に取得される財産に関し，その所有権の帰属，使用収益，処分の方法などに互いの権利と義務を明らかにし，並びに離婚・婚姻の解消・夫婦いずれか一方の死亡の場合においても本契約書に沿って解決することを合意する。

第3条（婚姻の成立要件・契約の効力）

　　甲及び乙は，本契約の各条項に合意が得られないときは，婚姻しない。本契約は甲及び乙の婚姻により有効となり，婚姻が成立しないときは無効となる。

第4条（財産の開示）

　　甲及び乙は，婚姻時に有する資産・所得及び債務について，添付する別紙財産目録により開示した。

第5条（甲の特有財産）

　　次の財産を甲の特有財産とし，甲において使用収益，管理と処分を行う。

①　別紙に記載された婚姻前から有する財産

（注1）山田俊一『夫婦財産契約の理論と実務』（ぎょうせい，2012年）254〜258頁参照

② 婚姻中における給与，営業，家賃，利息，金融資産の運用益など
の収入，値上がり益などの所得，並びにこれらに拠って得た財産

③ 甲の個人的な使用に供する財産

④ 婚姻中に相続又は贈与により取得した財産

⑤ 特有財産の代替物

第6条（乙の特有財産）

次の財産を乙の特有財産とし，乙において使用収益，管理と処分を
行う。

① 別紙に記載された婚姻前から有する財産

② 婚姻中における給与，営業，家賃，利息，金融資産の運用益など
の収入，値上がり益などの所得，並びにこれらに拠って得た財産

③ 乙の個人的な使用に供する財産

④ 婚姻中に相続又は贈与により取得した財産

⑤ 特有財産の代替物

第7条（夫婦の合有財産）

1 婚姻生活に必要な財産は，甲及び乙の財産とし，甲及び乙が居住す
る土地家屋，並びに生活用動産一式を合有財産とする。

2 甲及び乙の有する合有財産は，夫婦で管理し保持するものであるた
め，売却，処分は他方の同意を必要とする。

第8条（夫婦の共有財産）

1 所有権が甲及び乙のいずれに帰属するかが不明の財産については，
協議によりその帰属をいずれにするかを決定するものとし，協議がな
い場合及び協議が不調の場合は共有財産とする。

2 婚姻生活に必要な費用の支出に充てるための銀行預金は甲及び乙の
共有財産とし，持ち分は2分の1ずつとする。

3 共有財産は，甲及び乙がこれを使用収益することができる。

第9条（婚姻費用の負担）

1 日常の生活費用，車両の維持費，社会保険，生命・損害保険，子の
監護養育費用，その他の婚姻費用は，夫婦双方の資産や収入の割合な

どにより，合理的に決定し負担する。

2　婚姻費用の支出に充てるため，甲及び乙のいずれかの名義を用いて，銀行預金口座を設け，婚姻費用及び子の監護に必要な費用支出後の余剰部分の持ち分は，前条により均等とする。

3　甲及び乙に子が出生し，甲及び乙のいずれかが家事及び子の養育に専念したときは，家事専任の当事者と勤労する当事者の間で，協議により合理的な割合を定めて，婚姻費用の負担とは別に，収入を分配する。

第10条（債務の負担）

1　婚姻中の日常の家事にかかる債務については，前条の婚姻費用の負担割合により甲及び乙は連帯して負担するものとし，先ず共有財産からこれを弁済する。不足する部分については，婚姻費用の負担割合により，各自の特有財産からこれを弁済する。

2　前項以外の債務はそれぞれの個別債務とし，当事者の特有財産からこれを弁済し，他方はその責を負わない。

3　甲及び乙は他方の書面による同意を得ずして，債権者の求めにより他方の有する特有財産を，債務の担保の用に供さない。

4　他方が一方当事者の固有債務を負担したときは，他方は一方当事者に対して求償権を有し，一方当事者はこれを償還する義務を負う。

第11条（婚姻の解消）

1　共有財産の分割

　　離婚に際して共有財産は，その財産の性質や種類に応じて等分に分割する。協議により甲及び乙の一方に単独所有権を与え，他方に対して金銭でその持分を給付することもできる。

2　特有財産及び合有財産

　　他方の有する特有財産及び合有財産に対する請求権は，甲及び乙はこれを将来にわたって放棄し，他方の特有財産に対していかなる権益も請求しないものとする。

3　慰謝料

甲及び乙のいずれかが離婚に際して有責当事者であるときは，他方
　の当事者は有責当事者に対して，慰謝料を請求する権利を有する。請
　求する金額は離婚に起因して生じる苦痛，婚姻期間の長さに基づき定
　めるものとし，その時の有責当事者の年収の50パーセントを上限，下
　限を30パーセントとして，協議によりこれを定める。協議が不調の場
　合は家庭裁判所の決定に従うものとする。
4　扶養的財産分与
　　離婚に際して，一方が家事に専従し，所得の稼得能力に不足がある
　場合には，社会への復帰に要する期間の通常の生活に必要な程度の金
　額を支給する。
第12条（離婚後の子の養育費及び面会交流）
1　甲及び乙の間の未成年者●●（●年●月●日生）の養育費について
　は，生活費・教育費・娯楽費・医療費の必要額とし，その負担割合に
　ついては，甲及び乙の収入差に配慮し当事者間で協議して定める。
2　面会交流については，月1回以上とし，子の福祉に配慮し，当事者
　間で協議して定めることとする。
第13条（相続に関する事項）
　　相続については争いを避けるため，甲及び乙は適時かつ正確に遺言
　を作成し，共有財産をどのように相続させるかを指定し，また，居住
　用不動産を所有する配偶者は，生存配偶者にこれを相続させるものと
　する。甲及び乙のいずれかが死亡したときはこの遺言により財産を分
　配する。
第14条（契約の登記及び変更と廃止）
1　登記
　　本契約は婚姻届提出以前に，甲及び乙の住所地のいずれかを管轄す
　る法務局で登記を行う。
2　変更・廃止
　　婚姻後において甲及び乙は，書面による合意により本契約の変更，
　取消しをすることができる。ただし，婚姻後の変更は甲及び乙の間に

おいてのみ有効であり，第三者にはその効力は及ばない。

上記の合意を証するため，当事者である甲及び乙は下記に署名押印する。

●年●月●日

（甲）住所
　　　氏名

（乙）住所
　　　氏名

解　説

　本サンプルは，婚前契約において，夫婦別産制を採用した場合の契約書の例です。

　夫婦別産制は，日本の民法で採用されている財産制度であるため，通常の民法の規定では足りないところなどを追加修正する内容について，合意することになります。

　本サンプルでは，第9条で妻の出産や育児及び家事専従の期間につき，所得の稼得者の夫による妻への配慮を加え，婚姻生活に必要な財産の帰属と使用収益についても取決めをし，第7条で居住不動産の扱いを追加修正する形で盛り込んでいます。

　夫婦のそれぞれが職業を有して，経済力のある夫婦の場合に，このような契約を結ぶことが考えられます。

条項例7-2　包括共有制の場合の財産制の選択について

第●条　（財産制の選択）

　　甲及び乙は婚姻に際して，日常及び職業上において単独に使用する
　固有財産を除く，全ての財産を夫婦共有の財産とすることを合意した。

第●条　（積極財産）

　　甲及び乙が婚姻する前から有する財産，及び婚姻中に甲及び乙がそ
　れぞれに有償取得した次の財産は共有財産とする。

　①　労働収入

　②　共有財産から生じる収益の余剰

　③　これらの代替物

第●条　（甲の特有財産）

　　次の財産を甲の特有財産とし，甲において使用収益，管理と処分を
　行う。

1　甲の個人的，職業上の使用に供する財産

2　前項の資産の代替物

第●条　（乙の特有財産）

　　次の財産を乙の特有財産とし，乙において使用収益，管理と処分を
　行う。

1　乙の個人的，職業上の使用に供する財産

2　前項の資産の代替物

第●条　（夫婦の共有財産）

　　所有権が甲及び乙のいずれに帰属するかが不明の財産については，
　夫婦の共有財産とする。

第●条　（婚姻費用の負担）

　　婚姻費用は，共有財産である労働収入，及び共有財産の収益の余剰
　からこれを支弁する。

■ 解　説 ■

　本条項例は，婚前契約において，包括共有制を採用した場合の財産制についての例です。

　包括共有制は，婚姻後に得た所得や財産を全て共有とし，夫婦を一つの経済主体とみる財産制度です。そのため，特有財産については，個人的な使用に供する財産のみと記載しています。

　婚姻前に多くの財産を有する夫婦の場合，又は，婚姻後に相続や贈与を受ける可能性がある場合は，これらまで全て共有とすることになってしまいます。

　また，夫婦の一方が多額の債務を負担して事業を行う場合などは，好調時はいいのですが，弁済が困難となった場合に，夫婦の財産の全てを失うリスクがあります。

　そのため，婚姻前に築いた資産が多額ではなく，婚姻後に贈与や相続による資産の取得の可能性が少ないカップルに適した財産制といえます。

条項例7‒3　夫婦別産制の相続，再婚カップルの例

第●条（相続に関する事項）

　　相続については争いを避けるため，次の通りとする。

1　一方の所有名義である，居住用不動産及び共有財産は，生存配偶者がこれを相続する。

2　それぞれの特有財産は，その卑属である子が相続するものとし，甲及び乙は互いに上記の内容にて適時かつ正確に遺言を作成し，他方の特有財産については，相続権を放棄する。

3　甲及び乙の何れかが死亡したときはこの遺言により財産を分配する。遺言がない場合においても，上記の第1項，第2項により円満に相続を行うものとする。

■■ 解　説 ■■■■■■■■■■■■■■■■■■■■■■■■■■■■■■■■■■■■■■■

　本条項例は，再婚カップルを想定した場合の，相続についての例です。再
婚カップルのうち，当事者の双方又は一方に離婚経験があり，前婚の子を有
している場合には，既に中高年であり，既に相当の財産を形成している例が
多いと思われ，前婚の子の相続期待権に配慮しつつ，夫婦の財産についてど
のように相続するかの検討が必要となります。

　それなりの資産を有し，婚姻後において資産形成の可能性が高いカップル
は，夫婦別産制又は所得参与制を選択することが好ましいと考えられていま
す。

　日本の民法では，相続に関する契約の有効性については無効とされている
ため，相続に関しては別途遺言を作成する必要があるでしょう。

条項例7-4　包括共有制──所得参与制の相続，再婚カップルの例

第●条（相続に関する事項）
　　二人の協力により形成された財産の相続については，争いを避け，
　共有制を貫くために次のとおりの遺言を適時かつ正確に互いに作成し，
　この遺言により相続手続を行うものとする。
1　甲及び乙のそれぞれが有する共有財産の均等持分について，相続の
　手続を行うものとし，その2分の1を生存配偶者がこれを取得し，残
　りの部分を甲及び乙の間に生まれた子及び前婚の子を区別せず，相続
　させることとする。
2　甲及び乙のそれぞれが有する個人的，職業上に使用する財産は，生
　存配偶者がこれを取得する。
　　なお，遺言がない場合においても，本条第1項，第2項により円満に
　相続を行うものとし，これへの備えとして，甲及び乙の婚姻が安定し，
　前婚の子との生活が円満であるときは，その子と他方の配偶者が養子縁
　組の手続を行うものとする。

解　説

　未成年の子を有するが，資産の保有はそれほど多くなく，今後も勤労を続ける場合などの中間層の再婚カップルには，包括共有制の選択があり得ます。また婚姻に至るまでの勤労に応じた資産を有し，その後に夫婦の協力のもとさらに資産形成が期待されるような再婚カップルには，所得参与制のモデルを選択するのがよいと考えられます。

　相続については，前婚の子と当事者間の子に同等に相続させることの取決め等を行っています。遺言で区別をつけないことなどを担保するために当該規定を入れています。

　また，未成熟の子がいる場合に相続のためにも養子縁組することを婚姻の条件として，当該条項を設けています。

第7章　婚前契約

条項例7‐5　熟年・高年層のカップル

第●条（相続に関する事項）

　　相続については，争いを避けるため，次の通りとする。

1　一方の所有名義である居住用不動産及び共有財産，並びに預貯金の内から，一方配偶者死亡後の通常の生活費用として，相当の金額を，生存配偶者がこれを相続する。

2　それぞれの特有財産はその卑属である子が相続するものとし，甲及び乙は互いに上記内容にて適時かつ正確に遺言を作成するものとし，他方の特有財産については，相続権を放棄する。

3　甲及び乙は互いに家庭裁判所に遺留分放棄の手続を行う。

4　甲及び乙の何れかが死亡したときはこの遺言により財産を分配する。遺言がない場合においても，本条第1項，第2項により円満に相続を行うものとする。

127

解　説

　50代後半以降の再婚カップルの場合，保有する財産も多額になること，定年退職を迎えること，前婚の子がいる場合も成人していることがほとんどであることから生活費用も少なくて良いことなどが特徴となります。

　このような場合は，婚姻後の生活で夫婦の協力による財産形成は見られず，もっぱら消費生活となることがほとんどです。そのため，夫婦財産としては，婚姻期間中と一方の死亡後の生活費用をどうするか，及び婚姻前に保有する財産の継承をいかにするかという点を検討する必要があります。

　本条項例では，居住不動産や共有財産，生活費用を相続し，その他の財産は，子が相続することとしています。

記載例 7 - 6　登記申請書記載例

夫婦財産契約登記申請書

登記の目的　　　　　　夫婦財産契約の設定登記

登記原因及びその年月日　　　令和●年●月●日　夫婦財産契約設定

契約者の氏名住所

　　△△市……

　　甲野　花子

　　◇◇市……

　　乙山　一郎

夫婦財産契約の内容

　（ここに契約内容を入れる）

申請人

夫となる者　乙山一郎

妻となる者　甲野花子

添付書類　登記原因証明情報である夫婦財産契約書　戸籍謄本

　　　　　住所証明書　代理権限証書（代理人が申請する場合）

　　　　　印鑑証明書

令和●年●月●日申請　△△地方法務局

代理人　△△市……

●●●●　㊞

登録免許税　金●円

解　説

　「夫婦財産契約」と，「婚前契約」の違いは，第三者への対抗力があるという点にあります。そして，第三者への対抗力を発生させるためには，登記が必要となります（民756条）。

　すなわち，夫婦財産契約の登記を行っていれば，一方が無断で契約に反する移転等を行ったとしても，他方は第三者に対抗できることになります。

　夫婦財産契約として登記されるのは，夫婦の財産についての取決めのみであり，婚姻届出後に内容の変更ができない（民758条1項）という制約があります。

　婚前契約は，あくまで，夫婦間の婚姻前の取決めであり，財産関係以外のことについても取り決めることができます。この場合は，公正証書等にすることが考えられます。

第 **8** 章 ｜ 婚姻契約

第 **1** パートナーシップ契約等

条項例 8 – 1　婚姻契約

第1条

　　甲と乙は，双方の自由な意思決定に基づき，婚姻の届出はしないが，双方に婚姻意思のあるパートナーシップを結ぶことを確認し，互いに愛情と信頼をもって円満な家族関係を構築することを約束する。

■■ **解　説** ■■■■■■■■■■■■■■■■■■■■■■■■■■■■■■■■■■

　この条項例は，甲と乙が法律上の婚姻手続はとりませんが，パートナーシップ契約を結ぶ場合に第1条として設ける条項のサンプルです。条項の中で，当事者がパートナーシップを結ぶことを明記します。名目としては，「事実婚関係」，「内縁関係」，「パートナーシップ」などの文言が考えられます。

条項例 8 – 2　法律婚と同様の権利義務関係

第2条（同居義務）

　　甲及び乙は，双方の事情を勘案し，合意した場所で同居生活を送るものとする。

第3条（相互扶助義務）

第8章　婚姻契約

甲及び乙は，互いに助け合い扶養する義務を負う。

第4条（日常の代理権）

　甲及び乙は，その一方が日常の家事に関して第三者と法律行為をしたときは，他の一方は，これによって生じた債務について，連帯してその責任を負うものとする。ただし，第三者に対し責任を負わない旨を予告した場合は，この限りでない。

第5条（貞操義務）

　甲及び乙は，互いに貞操の義務を負う。

■ 解　説 ■

　本条項例は，甲と乙の事実婚に際して，法律婚と類似の権利義務を定める旨の条項のサンプルです。法律婚の場合は，既に法律上存在するものですが，事実婚の場合は，必要なものを選択し，条項に明記しておく必要があります。

条項例8-3　医療上の同意権限

1　甲及び乙は，一方に医療行為が必要であると医師が認めるとき，他方がその医療行為について医師から説明，カルテの開示等を受け，医療行為の同意をし，又は治療方針の決定に同意するなど，通常配偶者に与えられる権利の行使について，相互に委任する。

2　甲及び乙は，病気・事故などにより療養介護が必要になったときは，互いに金銭的及び精神的サポートを行う。

3　甲及び乙の間に出生した子の親権者となった者は，当該子の保護者として，社会通念上有するべき権限を他方に対して委任し，当該子に医療行為が必要であると医師が認めるとき，その医療行為について医師から説明を受け，医療行為についての同意をし，又は治療方針の決定に同意することを他方に対して委任する。

■ 解　説 ■

　医療行為の同意権は事実上，親族のみにしか認められていません。そのた
め，法律婚でない場合は，関係性が分からず，認めることができないと判断
されてしまう場合があります。このようなことを防ぐために，同意の委任を
することを明文化しておく必要があります（委任状については資料3参照）。
　また，当事者間の子がいる場合も，親権が一方になっていることがほとん
どであるため，法律上親権者でないほうへの同意権を付与する条項例が本条
項例第3項のサンプルです。

条項例8－4　相続，認知

　甲及び乙は，当事者間に出生した子を認知し，相続権が発生すること
を確認する。

■ 解　説 ■

　この条項例は，甲と乙の間に子がいる場合に，認知をすることを取り決め
たサンプルです。認知を行えば相続権は発生しますので，当該条項例は，任
意認知することについて取り決め，相続権が発生することを確認したものと
なります。
　事実婚を選択する際の相続関係については，認識が誤っていることもある
ため，これらについては事前に確認しておくのが望ましいでしょう。

条項例8－5　婚姻契約の解除

　1　甲及び乙は，両者が合意したときには，書面により本契約を解除す
　　ることができる。
　2　甲及び乙は，他方が次の各号の一に該当したときは，他方に書面で

通知することにより，本契約を解除することができる。

(1)　本契約の各条項のいずれかに違反したとき

(2)　その他本契約によるパートナーシップを継続し難い重大な事由があるとき

3　不貞行為等により，本契約を解除することになったときは，甲又は乙は，責任ある当事者に対し，別途，慰謝料を請求できるものとする。

4　本契約が解除された場合において，甲と乙の間に未成年の子があるときは，当然にそのときの親権者が監護することとはせず，子の利益が最大限に保証されることを考慮し，甲又は乙の一方から，その後に親権者，監護者となる者を選ばなければならない。

5　前項により親権者，監護者となる者が選ばれた場合，速やかにその者が親権者となるよう必要な手続をしなければならない。ただし，法の制約によりこの手続を行うことができない場合は，この限りでない。

■■ **解　説** ■■■■■■■■■■■■■■■■■■■■■■■■■■

　この条項例は，甲と乙が事実婚を解消する場合について，事前に取決めをしたものです。事実婚関係について契約を結んでいるので，これがどのようなときに解消されるのかという点について，記載しておく必要があります。

　特に，当事者間に子がいる場合には，子の監護をどのようにするかは，法律婚でもこれが決まらないと離婚が成立しないように，とても重要な事柄であるため，どのような決め方をするか，記載しておくべきといえます。

■■ **条項例8‐6　財産分与** ■■■■■■■■■■■■■■■■■■

1　甲及び乙は，その一方が本契約の生ずる前から有する財産及び本契約中に自己の名で得た財産は，その特有財産とし，本契約の効力が生じている期間中に甲及び乙が協力して得た財産については，一方の名

　で得た財産であっても共有に属するものとする。
2　甲及び乙は，協議又は裁判により本契約を終了したときは，甲又は
　乙の帰責事由の有無にかかわらず，甲及び乙の協力によって得た第1
　項記載の共有財産は，双方に等分に分与するものとする。

解　説

　この条項例は，甲乙間の事実婚関係を解消する際に，財産関係をどのよう
に処理すべきかを事前に取り決める場合のサンプルです。

　事実婚の場合，財産分与が法律婚と同様に発生すると考えられていますが，
その対象財産などは，法律婚の場合より，画定が困難となる場合が多いです。

　そのため，夫婦が協力して得た財産は共有財産として折半とすること，
程度は事前に取り決めておくのが望ましいでしょう。

　より詳しく財産関係について決めておきたい場合には，第7章の婚前契約
をご参照ください。

第8章　婚姻契約

第2　別居合意

条項例8-7　別居合意——基本

　●●●●（以下「甲」という。）と●●●●（以下「乙」という。）は，甲及び乙の夫婦関係に関する件について次のとおり合意する。

1　甲及び乙は，当分の間，別居する。
2　甲及び乙は，前項の別居期間において，将来の別居状態の解消のため，誠実に協議することを約束する。

解　説

　この条項例は，夫婦間において，様々な理由があって同居することができない場合において，夫婦関係修復に向けた冷却期間を設けるために，当面別居することを合意する場合のサンプルです。条項の中では，夫婦が期間を定めずに別居すること及び別居期間中の誠実な協議を約束することを明記します。民法では，夫婦は同居し，互いに協力し扶助しなければならないと定められています（民752条）。そのため，期間を定めない別居の合意は，民法に反し無効とされると考えられます。また，夫婦間において，夫婦関係の修復のために調整しなければならない事項は様々であり，その調整にどの程度の時間が掛かるか予想できない場合も考えられます。そこで，「当分の間」別居することとしています。

　また，この別居期間は，夫婦関係修復に向けた冷却期間であるとともに，将来の再同居に向けた準備期間でもあります。そのため，第2項のような条項を設けることで，夫婦関係の修復に向けてお互いに協力し合うことを定めています。夫婦関係の修復のために調整しなければならない事項が明確である場合には，「同居中の生活費の分担について」，「家事育児の分担について」誠実に協議すると定めることも考えられます。

　なお，別居期間の生活費（婚姻費用）について，別に定めることも想定さ

れます。婚姻費用の合意の条項例については，第5章（条項例5‐1）を参照
してください。

条項例8‐8　別居合意 ── 期間を定める場合

　1　甲及び乙は，令和●●年●月●日から令和●●年●月●日までの間，
　　別居する。

■ 解　説

　この条項例は，夫婦間において，明確に期限を定めて別居することを合意
する場合のサンプルです。「当分の間」という記載では，別居期間の終期が
明らかではなく，当事者が再同居を決定した日に別居が終了することになり
ます。しかし，当事者にとって，別居期間の終期が定められていないことに
よる不明確さや不安感なども生じる可能性が想定されます。そこで，本条項
例では，別居期間の始期と終期を日付で特定する方法により，別居期間を明
確にしています。

　ただし，合意した別居期間の終期までに相手方が自宅に戻ってこなかった
場合，同居義務の履行を命ずる審判を求めて裁判所の判断を仰ぐことはでき
ますが，夫婦の同居は，相互の協力関係の存在が前提となると考えられてい
ます。そのため，意思に反する同居の強制は，直接強制も間接強制も許され
ないと考えられています（東京高決平13・4・6家月54巻3号66頁）。したがって，
別居期間の終期を定めることは，夫婦関係の修復に費やす時間の目安として
の意味合いが強くなると考えられます。

　その他別居における取決めに関する条項例については，条項例8‐9を参
照してください。

条項例 8 - 9　別居合意 ── 取決めの内容

（第1項及び第2項は省略）

3　甲及び乙は，離婚又は同居までの間，当事者間の長男○○（令和○年○月○日生）及び長女○○（令和○年○月○日生）の監護権者を，母である乙と定める。

4　乙は，別居期間中，甲が前項の長男○○及び長女○○と面会交流することを認める。その具体的な日時，場所，方法等は，子の福祉を尊重し，当事者双方が誠実に協議して定める。

5　甲は，乙に対し，令和○年○月から当事者の離婚又は同居まで，別居期間中の婚姻費用として，月額○万円の支払義務があることを認め，これを毎月末日限り，乙が指定する口座に振り込む方法により支払う。振込手数料は甲の負担とする。

6　甲及び乙は，将来の同居再開のために，最低月に1回は，対面の方法で会うことを約束する。その日時，場所等は，当事者双方の予定に配慮し，誠実に協議して定める。

■ 解　説 ■

　この条項例は，夫婦間で別居合意について定めた場合に，夫婦間で遵守すべき事項について合意する場合のサンプルです。別居する夫婦間で取り決めるべき内容としては，①夫婦間に未成年者の子がいる場合に，監護，養育する者を夫婦のいずれと定めるのか，②別居中の生活費の分担（婚姻費用分担）について，金額をいくらと定めるのか，③非監護親の面会交流についてどのように定めるのかなどが想定されます。これらの条項については，離婚を前提とした合意と同様の問題がありますので，詳しくは，婚姻費用（第5章）や面会交流（第2章）を参照してください。

　また，本条項例第6項のように，同居再開に向けた話合いの場を設ける合意を定めることも考えられます。この他にも，別居期間中に，夫婦間で遵守すべき事項があれば，合意書に明記をすることで，再同居した際に，別居期

間中の出来事に関する争いを防止する効果も期待できるでしょう。

　なお，別居期間中の接触禁止条項については，「接触禁止条項（DV事案）」（条項例8‐10）を参照してください。

条項例8‐10　接触禁止条項──DV事案

1　甲及び乙は，当分の間，別居する。
2　甲及び乙は，前項の別居期間中，正当な理由がある場合を除き，相互に住居及び勤務先を訪問しない。

【甲の乙に対する暴力が原因で離婚する場合の接触禁止条項】
1　甲は，乙に対し，本件離婚の原因が，甲の乙に対する暴力であったことを認め，真摯に謝罪する。
2　甲は，本合意成立後，正当な理由がある場合を除き，乙の住居及び勤務先を訪問しない。
3　甲は，本合意成立後，正当な理由がある場合を除き，対面，電話，メール，SNS，手紙等の手段の如何を問わず，乙に対し一切接触を持たないことを確約する。

第8章　婚姻契約

**　解　説**

　この条項例は，夫婦間で別居合意について定めた場合に，互いの住居及び勤務先に他方が訪問しないことを定める場合のサンプルです。また，配偶者のDVを理由に離婚する場合，離婚後の接触を禁止することを定める場合のサンプルも記載しています。

　夫婦間でのトラブルを原因として，当面の間別居することを定める場合，冷却期間を設ける意味で別居を選択する夫婦が多いと思われます。しかし，一方が他方の自宅や勤務先を自由に訪問することができてしまうと，対面した際に口論に発展する可能性もあり，冷却期間を設けた意味がなくなってし

まうことも想定されます。本条項例は，別居期間中の接触禁止を定めることにより，当事者双方が再同居に向けて熟考する期間を確保することを想定したものになります。

　一方で，夫婦の一方のDVが原因で離婚になった事案では，被害者が，離婚後の元配偶者（加害者）からの接触について，不安に感じる方は多いです。いわゆるDV事案では，上記の接触禁止条項を設ける必要性が高いといえるでしょう。なお，上記の条項例以外にも，接触禁止の対象として，被害者本人だけではなく，被害者の親族も追加する（過去に当該親族に対し，加害者が接触してきたことがある場合など），接触禁止条項に違反した場合の罰則（1回の違反につき罰金○円を支払うなど）を定めることも，事案の性質によっては検討すべきでしょう。

第 **9** 章 | 法定外婚の解消

条項例9-1 内縁解消──慰謝料（パターン1）

甲は，乙に対し，慰謝料として，金●●万円の支払義務があることを認め，これを●年●月末日限り，乙名義の●●銀行●●支店普通預金口座（番号●●●●●●）に振り込む方法により支払う。なお，振込手数料は甲の負担とする。

【振込先口座を特定しない場合】

甲は，乙に対し，慰謝料として，金●●万円の支払義務があることを認め，これを●年●月末日限り，乙の指定する口座に振り込む方法により支払う。なお，振込手数料は甲の負担とする。

■ 解 説

この条項例は，甲乙間の内縁関係の解消について，慰謝料の支払をする場合のサンプルです。内縁関係の解消の場合は，正当な理由のない一方的な関係解消に対して，損害賠償請求をすることが考えられます。これは，法律婚とは大きく異なる部分です。法律婚の場合は，正当な理由のない関係の解消は原則できないため，離婚自体を争う方法がとられます。しかし，事実婚の場合は，一方的であっても関係は解消されてしまうため，突然生活ができなくなることで負う損害が発生する可能性があります。

具体的な条項の書き方は，慰謝料の条項なので，そのほかの慰謝料請求と大きく異なる点はありません。

慰謝料請求の条項例6-1を参照してください。

条項例9-2　内縁解消──慰謝料（パターン2）

1　甲及び乙は，本日をもって内縁関係を解消すること及びその原因が甲の○○にあること（以下「本件」という。）について合意する。

2　甲は，乙に対し，本件に関する慰謝料として，金○万円を支払う義務があることを認め，令和○年○月○日限り，乙の指定する金融機関の口座に振り込む方法により支払う。振込手数料は，甲の負担とする。

3　甲及び乙は，甲及び乙の間には，本和解書に定めるもののほかに，何らの債権債務関係が存在しないことを相互に確認する。

■ 解　説 ■

　この条項例は，内縁解消に際し，甲に不貞行為や暴力等の原因があるため，甲が乙に慰謝料を支払うという事案を想定しています。

　内縁とは，婚姻関係に準じる事実上の夫婦共同生活を送っている男女を指し，法律婚に準ずる法的な保護が与えられます。そのため，法律婚において慰謝料が発生する事実（不貞行為，暴力等）があれば，慰謝料が認められます。もっとも，裁判例では，内縁の場合，法律婚よりも慰謝料を低額に認定する傾向にありますので，その点も念頭において，慰謝料額を定めるのが良いでしょう。この条項例は，パターン1（条項例9-1）と異なり，内縁解消の具体的な原因とその責任の所在を明記しています。状況に応じて使い分けてください。

条項例9-3　内縁解消──財産分与

　甲は乙に対し，内縁解消に伴う財産分与として金○万円の支払義務があることを認め，当該金員を令和○年○月○日限り，乙の指定する口座に振り込む方法により支払う。振込手数料は甲の負担とする。

■ 解 説

この条項例は，内縁解消に際し，財産分与を行う場合を想定しています。

内縁とは，婚姻関係に準じる事実上の夫婦共同生活を送っている男女を指し，法律婚に準ずる法的な保護が与えられます。そのため，法律婚における財産分与と同様に，財産分与が認められます。もっとも，内縁が一方当事者の死亡によって消滅した場合には，財産分与の規定を準用できません（最一小決平12・3・10民集54巻3号1040頁）のでご注意ください。

財産分与の基準時は，婚姻関係に準じて，内縁当事者の経済的な協力関係が解消された時であり，通常は別居時になります。また，共有財産形成の始期については，婚姻日が戸籍から明確な法律婚と異なり，内縁の場合にはそれが曖昧ですので，同居の開始時を内縁関係成立時と解することが多いです（同居開始時を内縁関係の成立時と認定した裁判例として福岡高決平30・11・19家判25号53頁）。

条項例9−4　内縁解消 ── 接触禁止

甲及び乙は，正当な理由なく，手段のいかんを問わず，一切の連絡，接触をしないことを相互に約束する。

■ 解 説

この条項例は，甲乙間の内縁関係の解消の際に，今後の互いの連絡，接触を禁止する場合のサンプルです。特に，DVなどがあった事案では，この文言を入れることがあります。

「正当な理由なく」という文言は，当事者間に未成年の子がいる場合などは，養育費についてなど，必要な連絡についても遮断する趣旨ではないことを示すために入れています。今後連絡の予定がない場合や接触を認めるような文言を入れることが危険である場合など，事案によっては，正当な理由のある場合は当然除かれるものと考えて，この文言は外しても構いません。実

務上，当事者間の協議書は，文言通り読めば分かるよう，分かりやすくしておくのがお勧めです。

条項例9‒5　内縁解消──接触禁止と口外禁止

1　甲及び乙は，今後互いに，電話・メール・SNS・訪問等の手段を問わず，相手方当事者及びその親族並びに職場等の関係者に対し連絡や接触をしないこと，及び互いに誹謗中傷しないことを誓約する。
2　甲及び乙は，本件和解に関して，第三者にみだりに口外しないこと及びSNS等で発信しないことを誓約する。
3　甲及び乙が前二項の定めに違反した場合，甲及び乙は直ちに違約金として金○万円を支払う。

■ **解　説**

　この条項例は，甲と乙が，内縁解消に伴い，接触しないことを約束する事案を想定しています。

　内縁解消に際し，どちらかの当事者が将来にわたる関係の断絶を望むことが多く，相互の接触禁止を条項に入れることがあります。この条項例は，条項例9‒4よりも接触禁止を強調したものです。当事者が強く断絶を望むケースでは，この条項例を活用してください。

　また，誹謗中傷が酷い事案などでは，口外禁止を条項に入れることもあります。

　さらに，接触禁止と口外禁止の履行確保の観点から，違約金を設定することも有用です。

条項例9‐6　内縁解消と年金分割

甲及び乙は，甲が国民年金の第3号被保険者であった期間について，年金分割の手続を行うことを相互に確認する。

■■ 解　説 ■■■■■■■■■■■■■■■■■■■■

　年金分割は，内縁解消の場合でも行うことは可能です。

　内縁とは，婚姻意思はないものの，婚姻届を出していない状態のことです。

　そのため，内縁解消の場合に，年金分割を行うことが可能なのは，いわゆる3号分割の場合に限られます。

　3号分割とは，甲（女性）と乙（男性）の婚姻関係（内縁関係を含む。）において，甲が乙の被保険者であった期間における乙が払い込んだ厚生年金の払込記録を2分の1に分けるという制度です（国民年金法7条1項3号，厚生年金保険法78条の2第1項）。

　この3号分割は，平成20年4月1日以後の払込記録を分割するもので，同意は不要です。

　そのため，本来は，上記の条項がなくとも，年金分割を求めて年金事務所で手続をとることは可能ですので，単なる確認条項に留まるといわれればその通りです。

　もっとも，年金分割の手続を無断でとることで，相手方である乙と感情的なトラブルになる可能性もあります。そのため，内縁解消に際し，年金分割の手続をとることについても事前に相手方に通知しておき，条項化しておくのが穏当でしょう。

　2年間の期間制限があることは，離婚の場合の年金分割と同様です。

　法定婚の婚姻解消による年金分割については条項例10‐1を確認して下さい。

第9章　法定外婚の解消

条項例9-7　法定外婚の解消──扶養料（養育費），面会交流の不請求

※甲：男性　乙：女性　丙：甲乙間の生物学上の子

1　乙は，甲に対し，丙の養育費，扶養料等名目の如何を問わず，子の監護に要する費用の分担を請求せず，養育費請求事件の申立て及び扶養料請求事件の申立てをしないことを約束する。

2　甲は，乙に対し，面会交流の請求をせず，面会交流事件の申立てをしないことを約束する。

■ **解　説**

　この条項例は，婚姻関係に至っていない男女間に子が生まれた場合において，双方とも子に関する請求をしないことを約束することで紛争解決とする場合の例です。上記のような合意をすることが，対立関係を先鋭化させることなく解決を図ることが有用なケースも実態として存在するといえます。

　父母間で，養育費や扶養料を請求しない旨の合意をすることは，子の監護に要する費用の分担方法の一つであり，直ちに公序良俗に反せず有効と考えられます（それが著しく不公平であるなどの事情が生じた場合は事情変更の問題として再協議の余地はあります。）。

　また，父母間の合意は，子に対して拘束力を有せず，単に扶養料算定の際に斟酌されるべき一つの事由になるにすぎないと考えられています（仙台高決昭56・8・24家月35巻2号145頁）。

　面会交流に関する合意も同様に有効と解されますが，面会交流は子の健全な成長にとって重要な意義があるという制度趣旨，子の育成に対する親の関わりは，子の成長に伴って変容すること，面会交流の権利性（法的性質）として，父母の愛情を平等に受ける機会を子に与えるという子の幸福追求権的側面があると解されることを踏まえると，合意成立後の面会交流も直ちに否定されるわけではないと考えられます。

　以上から，子の状況や成長の変化に伴い，事後で再協議を実施する余地は残ることを念頭に置いておく必要があります。

条項例９‒８　内縁解消 ── 財産分与

　●●●●（以下「甲」という。）と●●●●（以下「乙」という。）は，甲乙間の内縁関係の解消について，本日，次のとおり合意する。

1　甲は，乙に対し，財産分与として，金●●万円の支払義務があることを認め，これを●年●月末日限り，乙名義の●●銀行●●支店普通預金口座（番号●●●●●）に振り込む方法により支払う。なお，振込手数料は甲の負担とする。

■ **解　説** ■

　この条項例は，甲乙の内縁関係の解消に際して，財産分与をする場合のサンプルです。内縁関係は法律婚の場合と異なり，財産分与等を行うことが認められていないと思われている方も多いですが，内縁関係の解消であっても，法律婚と同様に財産分与を請求することが可能です。

　もちろん，法律婚と異なり，交際相手ではなく，内縁関係が成立しているといえるかどうかという点は一律の基準があるわけではないため，争いとなることも多いです。そのため，内縁関係の解消に伴い財産分与を行おうとする場合には，法律婚と同視できるような内縁関係が成立しているかという点も重要となります。

条項例９‒９　内縁解消 ── 親権者の合意

【親権者を母とする場合】

1　甲と乙は，当事者間の未成年の子●●（令和●年●月●日生）の親

権者を母である乙と定め，今後母において監護養育する。

【親権者を父とする場合】

1 甲と乙は，当事者間の未成年の子●●（令和●年●月●日生）の親
権者を父である甲と定め，今後同人において監護養育する。

2 前項の合意に基づき，甲乙は親権者変更の手続を行う。

【認知されていない場合】

1 甲は，甲乙間の未成年の子●●（令和●年●月●日生。以下「丙」
という。）を認知する。

2 甲と乙は，丙の親権者を乙と定め，今後同人において監護養育する。

■■ **解 説** ■■■■■■■■■■■■■■■■■■■■■■■■■■■■■■■■■■

　この条項例は，甲乙間の内縁関係の解消について，甲乙間に未成年の子が
いる場合に，親権者を取り決める場合のサンプルです。

　内縁関係の場合，当事者間の未成年の子は母の戸籍に入っており，父が認
知していることがほとんどです。そのため，父が親権を取得する場合は，本
条項例のように，親権者変更の手続を行う必要があります。

　もし，認知がなされていない場合は，認知することも合意した上で，親権
についても取り決め，養育費の取決めをするなど，段階を踏んで手続するこ
とが必要になります。

第10章 その他

第1 年金分割

条項例10-1 年金分割——基本

　●●●●（以下「甲」という。）と●●●●（以下「乙」という。）は，甲乙間の婚姻解消について（以下「本件」という。），本日，以下のとおり合意した。

1　甲（第1号改定者）と乙（第2号改定者）は，本日，厚生労働大臣に対し，厚生年金保険法第78条の2第1項第1号に基づき，対象期間に係る被保険者期間の標準報酬の改定又は決定の請求をすること及び請求すべき按分割合を0.5とすることに合意した。

■ 解 説 ■

　この条項例は，甲が第1号改定者（対象期間標準報酬総額が多い方。多くの場合は夫側であると思われます。）であり，乙が第2号改定者（対象期間標準報酬総額が少ない方。多くの場合は妻側であると思われます。）である場合において，年金分割の按分割合を上限である0.5で合意する場合のサンプルです。第1号改定者に該当するか，第2号改定者に該当するかは，最寄りの年金事務所において，年金分割のための情報通知書を取得して調べる必要があります（情報通知書の取得には請求から約1か月程度掛かりますので，当事者には余裕を持って請求してもらうと良いでしょう。）。年金分割は，収入の少ない側の配偶者にとって，将来の年金額を増額させることのできる制度であり，収入の少ない側の配偶者にとっ

ては，忘れずに実施すべき制度といえます。年金分割には，合意分割と3号分割の2種類が存在します。3号分割は，夫婦間の合意がなく手続を行うことができる点がメリットですが，①婚姻期間のうち，平成20年（2008年）4月1日以降の特定期間が対象となること，②国民年金第3号被保険者（厚生年金保険の被保険者又は共済組合の組合員の被扶養配偶者で，20歳以上60歳未満の者）である期間についてのみ分割が可能であることに注意が必要です。したがって，婚姻期間が平成20年3月31日以前にも存在する場合や，婚姻期間中に，扶養の範囲から外れる働き方をしていた場合には，合意分割の方法を選択しないと，一部期間について年金分割が行われませんので注意が必要です。

　なお，弁護士等が作成した離婚協議書（私文書）だけでは，一方の配偶者のみで合意分割の手続をすることはできません。一方の配偶者のみで合意分割の手続を年金事務所にて行うことを希望する場合には，①年金分割に関する上記条項を，公正証書作成の際に明記する，②年金分割の按分割合の合意内容を記載した合意書を作成し，公証人における私文書認証の手続を行う，③年金分割の調停又は審判の手続を利用するなどの手段でする必要があります。強制執行認諾文言付き公正証書を作成する場合には，①の方法を利用すると良いでしょう。また，既に離婚が成立している場合において，元夫婦が，直接顔を合わせることができない事情がある場合には，③の方法も検討すべきでしょう。

　年金分割の手続は，原則として，離婚をした日の翌日から2年を経過すると請求できなくなります（厚生年金保険法78条の2第1項）。ただし，相手方が死亡した場合には，離婚をした日の翌日から2年を経過する前であっても，合意分割をすることはできなくなります。離婚成立後，相手方が死亡する前に，按分割合に関する審判書，調停調書，公正証書の方法による年金分割の合意がなされていた場合には，相手方が死亡した日から起算して1か月が経過するまでは，合意分割の手続をすることが可能です（厚生年金保険法施行令3条の12の7。なお，私文書での合意では，死亡後の年金分割の手続はできませんので注意が必要です。）。相手方が死亡前に，合意分割の合意をしていなかった場合でも，相手方が死亡した日から起算して1か月が経過するまでであれば，3号

分割の手続をすることは可能です。

条項例10-2　年金分割──按分割合を0.5以外で合意する場合

　甲（第1号改定者）と乙（第2号改定者）は，本日，厚生労働大臣に対し，厚生年金保険法第78条の2第1項第1号に基づき，対象期間に係る被保険者期間の標準報酬の改定又は決定の請求をすること及び請求すべき按分割合を●（年金分割のための情報通知書に記載された按分割合の範囲内に限られる。）とすることに合意した。

解　説

　この条項例は，年金分割の按分割合について，0.5以外で合意する場合のサンプルです。年金分割の按分割合については，通常0.5とすることが多いと思われます。年金分割の審判において，裁判官が判断する場合でも，ほぼ全てのケースで按分割合を0.5とする審判がなされています。もっとも，年金分割のための情報通知書には，「按分割合の範囲●●％を超え，50％以下」という記載があり，当事者が上記按分割合の範囲で，按分割合の合意をすることが可能です。按分割合の下限は，第2号改定者がもともともらえるはずであった年金額を下回らないように計算されています（厚生年金保険法78条の3第1項）。按分割合を0.5以外と定めるケースは多くはありませんが，財産分与その他の条項との兼ね合いや，早期の離婚合意の成立のために年金分割についてある程度妥協したほうが良いケースもゼロではありません。そのため，按分割合を0.5以外で合意することも可能であることには留意しておくべきでしょう。

条項例10-3　年金分割──年金分割をしない合意する場合

　甲及び乙は，厚生年金保険法第78条の２第１項第１号に基づく，両当事者間の対象期間に係る被保険者期間の標準報酬の改定又は決定の請求を行わないことを合意した。

■ 解　説

　この条項例は，甲及び乙が年金分割の手続を行わないことを合意する場合のサンプルです。年金分割のうち，合意分割については，当事者間で行わないことの合意をすることが可能です。年金分割の請求権は，公法上の請求権と考えられておりますので，財産分与請求権などの私法上の請求権と異なり，清算条項（条項例10-5）を設けただけでは，当該請求権を放棄したことにはなりません。裁判例の中には，離婚協議書において，離婚時年金分割制度を利用しない旨の合意がある場合，それが公序良俗に反するなどの特別の事情がない限り，有効であるとして年金分割の請求を認めなかった例があります（静岡家浜松支審平20・6・16家月61巻3号64頁）。したがって，当事者間で年金分割をしない合意をする場合，その合意内容を離婚協議書に明記しておく必要があります。また，上記浜松支審では，離婚協議書の作成過程において，熟慮期間を設けていたかどうかや，財形年金の受け取り分について配慮がなされていることなどの事情も考慮されています。したがって，離婚協議書全体にいえることですが，当事者双方が納得した上で合意書を作成することが前提となるでしょう。

　なお，合意分割と違い，3号分割の手続は一方当事者のみで行うことが可能です。したがって，離婚協議書によって3号分割の手続を排除することはできないでしょう。年金分割をしない旨の合意時の注意点と工夫例については，条項例10-4を参照してください。

条項例10-4　年金分割をしない旨の合意と留意点

　甲及び乙は，両当事者間の対象期間に係る被保険者間の標準報酬の改定又は決定の請求を行わないことを合意する。

■ **解　説** ■

　年金分割の請求権は，公法上の請求権とされているため，当事者間で年金分割をしない旨が合意されている場合であっても，離婚協議書にその旨を明示していない場合，たとえ，清算条項を入れていたとしても，後日，年金分割の請求がなされる可能性は排除できませんので，注意が必要です。

　この場合，年金分割の審判の請求権を放棄する（すなわち，訴権を放棄する。）という合意にすることがポイントです。

　なお，この合意は，飽くまでも，年金分割に関する訴権を放棄するという合意です。そのため，訴権を行使する必要なく実現可能ないわゆる３号分割については，たとえ，この条項のような合意をした後でも，分割は可能であり，分割を阻止することはできないことにはご留意ください。

　筆者も年金分割をしない旨の協議書の効力を巡って争ったことがありましたが，作成の経緯等を踏まえて，公序良俗に反する等の特別の事情がない限り，裁判所もその旨の合意を有効と考えているようですので，参考にしてください。

第2　清算条項

条項例10-5　清算条項 ── 基本

●●●●（以下「甲」という。）と●●●●（以下「乙」という。）は，甲及び乙の夫婦関係に関する件について次のとおり合意する。

1　甲及び乙は，以上をもって本件離婚に関する一切を解決したものとし，本協議書に定めるもののほかは，今後，財産分与，慰謝料等の名目の如何を問わず，互いに金銭その他の請求をしない。

解　説

　この条項例は，当事者間に，本離婚協議書に定めるもののほかには，相互に債権債務関係がないことを確認する条項（清算条項）について基本となるサンプルです。本条項案では，「本件離婚に関する」という限定を付しています。本条項案で合意した場合には，本件離婚に関する債権債務関係は，本離婚協議書に記載した内容が全てであることが確認され，慰謝料や財産分与などの請求は行うことができなくなります。一方で，本件離婚とは直接関係のない貸金請求などの法的関係には，影響を及ぼすことはありません。代理人としては，後述する「本件離婚に関する」という文言を入れるか否かについて，本件離婚とは直接関係のない貸金請求などの問題が存在するかどうかを，依頼者から詳細に聴取した上で，包括的清算条項とするか否かを決定することになると思われます。

　仮に，清算条項を設けない場合には，離婚協議書作成後に，財産分与や慰謝料の請求が可能となります。そのため，将来の紛争防止のため，当事者が希望する清算範囲に応じ，清算条項を設けることが重要となるでしょう。

条項例10-6　清算条項──「本件に関し」の文言なし

1　甲及び乙は，本協議書に定めるもののほかは，今後，財産分与，慰謝料等の名目の如何を問わず，互いに金銭その他の請求をしない。

■解　説■

　この条項例は，「本件離婚に関する」という限定をせず，当事者間の一切の法律関係の清算を目的とする場合のサンプルです。本条項案で合意した場合には，本件離婚に関する債権債務関係に加え，本件離婚とは直接関係のない貸金請求などの法的関係についても清算したことが確認されることになります（包括的清算条項）。そのため，包括的清算条項を設けて合意した場合には，婚姻関係の清算に関するか否かを問わず，他方当事者に対し，離婚後に請求もすることは極めて難しいといえるでしょう。当事者が，他方当事者との一切の関係を断つことを希望している場合には，包括的清算条項のほうが向いているといえます。

　一方で，養育費の請求については，清算条項によって請求が妨げられるものではないと考えられます。また，養育費は，子の扶養に関連する権利ですので，後日事情変更が生じた場合などには，清算条項にかかわらず請求することが可能な場合もあります（当事者間で養育費を支払わない旨の合意をした場合について，条項例4-13を参照してください。）。

条項例10-7　清算条項──慰謝料・財産分与の留保

1　甲及び乙は，以上をもって，慰謝料及び財産分与を除き，本件離婚に関する一切を解決したものとし，本協議書に定めるもののほかは，今後，財産分与，慰謝料等の名目の如何を問わず，互いに金銭その他の請求をしない。

■ **解　説** ■

　この条項例は，慰謝料及び財産分与について，清算条項の対象からは除外した上で，その他の離婚給付や婚姻関係の清算給付について，清算条項を設ける場合のサンプルです。事件の性質や当事者の意向によって，当事者間で争いとなっている事項の全てを解決する前に，離婚を先行させる必要がある場合があります。このような場合に，条項例10-5や条項例10-6のような清算条項を設けてしまうと，未解決の争点が解決済みと扱われ，離婚後の請求をすることができなくなってしまいます。このような事態を防止するため，清算条項に例外を設けて，離婚後の請求の余地を残す必要があります。

　一般に，財産分与について，分与する財産が多い場合や住宅ローン付きの不動産の分与が問題となる場合，解決まで時間を要することが想定されます。また，慰謝料についても，当事者間の感情の対立が先鋭化する分野であり，事実関係についても争いがある事案が多いため，解決まで時間を要することが想定されます。夫の収入が不安定な場合など，母子家庭となった場合の公的給付を受けるほうが，婚姻費用を請求するよりも有利な場合も想定されるため，事案の性質に応じ，本条項例を設けて早期離婚を検討すべき事案も存在するといえるでしょう。

第3 入れるべき条項

条項例10-8　債務名義が存在する場合のその後の離婚協議書作成における留意点

乙は，●●家庭裁判所令和●年（家）第●●号婚姻費用分担審判事件について，令和●年●月●日にされた審判書に基づく強制執行をしない。

■ 解　説 ■

離婚においては，別居が先行することは珍しくないため，別居期間中の生活費を定める，いわゆる婚姻費用の調停・審判の結果，婚姻費用について債務名義が存在することは珍しくありません。

この点，婚姻費用について審判等で定められた金額に納得ができず，離婚時において，未払いが存在することがあります。

このとき，上記の条項を入れておかなければ，離婚成立後に，強制執行をされてしまう可能性がありますので，入れるのを忘れないようにしましょう。

条項例10-9　認知請求権を行使させたくない場合

1　甲は，乙に対し，本件の養育費相当額の解決金として，金○万円の支払義務があることを認め，令和○年○月末日限り，乙指定の以下の口座に振り込む方法により支払う。なお，振込手数料は，甲の負担とする。

2　乙は，未成年者，その直系卑属，法定代理人その他認知の請求権を有する者が，任意認知の請求，認知の調停，認知の訴え等方法の如何を問わず，認知を求めた場合，その請求日が属する月の末日限り，第1項で甲が乙に対して支払った金員の全額を一括して返金することを

約束する。

■ 解　説

　この条項例は，婚外子が出生した場合に，養育費相当額を解決金として支払うものの，認知は避けたいという場合を想定して，その解決方法の一案を記載したものです。

　認知請求権を放棄させたり，認知をしない旨の合意は，公序良俗に反し，無効であるため，たとえ，養育費相当額の解決金を支払ったとしても，後から認知を請求される可能性はゼロにはできません。

　しかし，支払った養育費相当額の解決金を，認知請求権の行使を条件に一括で返金させる旨の合意をしておけば，それが抑止力になり，認知を避けたいという目的が達成できる可能性は高まりますので，参考にしてください。

第**4** 弁護士会照会

記載例10-10　弁護士会照会 ―― 不動産管理会社への居住確認

照会を求める理由

1　受任事件

　　依頼者名　●●●●

　　相手方名　●●●●

　　事 件 名　損害賠償請求事件

2　上記事件に関し，下記の理由で，別紙照会事項についての回答をお願いするものです。

　　依頼者は，令和●年●月以降，相手方と依頼者の夫の不貞行為により，精神的苦痛を被っています。そのため，依頼者は，相手方に対し，慰謝料請求をしておりますが，相手方の住所地と考えられる場所が複数箇所あり，文書の送付先が特定されていないため，交渉が難航しております。

　　現在，相手方本人の主張する居住地と住民票記載の住所とが異なっているため，裁判になった場合の送達先の特定も必要となっています。

　　そこで，現在の居住状況と送達先とする就業先の名称の照会に及んだ次第です。

　　本照会の回答は事件処理以外の目的において利用はいたしません。ご回答のほどよろしくお願いいたします。

照 会 事 項

　　令和●年●月●日時点での，下記名義の賃借人の有無，有る場合にはその就業先についてご教示ください。

1　●●●●　（相手方名）

　　照会対象者数　1名

第10章　その他

■ 解 説 ■

　本サンプル作成の基となった事案は，住民票が異動されているものの，本人はそのまま以前の住所に居住していると言い張っていた珍しいケースでした。本サンプルは，不動産会社に対し，居住状況と就業先についての23条照会（弁護士法23条の2）を求めたものです。

　賃貸契約の際には，就業先の情報も通知している場合も多いです。不貞の証拠はあるものの，所在地が判然とせず，住民票を取得するための情報が足りない場合などには，回答が得られれば，重要な手掛かりとなることもあるため，ご紹介しました。

記載例10-11　不貞相手と配偶者が宿泊したという情報からホテルに対して弁護士会照会をかける場合の記載例

（別紙1）

照会を求める理由

1　受任事件

　　依頼者名　　●●

　　相手方名　　A，B

　　事 件 名　　損害賠償請求事件

2　上記事件に関し，下記の理由で，別紙照会事項についての回答をお願いするものです。

　　依頼者の●●は，○年○月○日に，A（以下「配偶者」という。）と入籍したが，○年○月頃に，配偶者が唐突に依頼者に離婚を申し入れ，同年○月末頃，配偶者が転居したことで別居に至った。

　　別居にあたっての離婚騒動の最中，配偶者が○年○月○日より依頼者以外の男性（当該男性）と交際している疑惑が生じたため，依頼者は，行動について調査した。その結果，配偶者が，○年○月○日のインスタグラム（SNS）の記事の投稿で，○年○月○日前後に○○県○

　○市の「○○ホテル」に宿泊した事実を投稿していたことが判明した。

　投稿写真と記載からは複数名での宿泊が窺われる。

　配偶者は，依頼者に当該男性との交友関係を隠すため，氏名の記載が必要となる際，配偶者の氏名をそのまま使用せず，旧姓である「▲▲」又は当該男性の姓である「■■」を名乗っていた可能性がある。

　現在，配偶者は，当該男性との同居時からの交際関係を認めておらず，事実関係について当事者双方の主張が乖離している。

　そのため，配偶者が，同ホテルに宿泊したことについての宿泊台帳等の情報の開示は，必要不可欠である。

以上

（別紙2）

照　会　事　項

1　○年○月○日から同年○月○日までの期間中，御社が経営するホテル「○○ホテル」の宿泊者台帳，予約時のメモ等の宿泊客管理記録において，下記氏名者が宿泊した事実があるか。

　宿泊の事実がある場合は，該当宿泊者の氏名についてご教示ください。

2　上記1の①から⑥のいずれかの人物の宿泊の事実が存在する場合，その宿泊者による宿泊予約の「部屋数」及び「人数」をご教示ください。

記

①　○○　○○

②　○○　○○

③　○○　○○

3　上記2の「人数」が二人以上の場合は，宿泊者全員の氏名をご教示ください。

以上

━━ **解　説** ━━━━━━━━━━━━━━━━━━━━━

　不貞行為は密室で行われることが多いため，証拠の収集が難しいことがあります。

　そのため，例えば，不貞相手と配偶者が旅行したという情報がある場合，当該ホテルに対して，弁護士会照会を行い，証拠収集を行うことが考えられます。

　これは，その際の照会を求める理由（別紙1），照会事項（別紙2）の記載例です。

　実際にこれにより宿泊機関から開示を受けた事例があるため，証拠収集のための有用な方法の一つではありますが，必ずしも成功するわけではないことにはご留意ください。

記載例10-12　不貞相手が堕胎したという情報から病院に対して弁護士会照会をかける場合の記載例

（別紙1）

照会を求める理由

1　受任事件

　　依頼者名　　●●

　　相手方名　　A，B

　　事 件 名　　損害賠償請求事件

2　上記事件に関し，下記の理由で，別紙照会事項についての回答をお願いするものです。

　　依頼者の●●は，上記事件の相手方の一人であるA（以下「依頼者の夫」という。）の配偶者である。

　　今般，依頼者の夫が，上記事件の相手方の一人であるBと不貞関係にあることが発覚したことで，依頼者は，依頼者の夫及びBに対して，慰謝料請求訴訟を予定している。

　しかるに，依頼者は，知人より，Bが，依頼者の夫との性交渉により妊娠し，●●クリニックで中絶手術又はそれに類する手術を受けたのは間違いないという情報を得た。

　中絶手術の同意書又はカルテ等の診療録には，依頼者の夫である「A」の名前が記載されている可能性が高い。

　当該証拠は，依頼者の夫とBの不貞行為の事実を証明するのに必要不可欠な証拠であるところ，当該証拠は，●●クリニックに照会を求めることでしか入手できない。

　真実発見のためには，Bの●●クリニックにおける中絶手術の同意書又はカルテ等の診療録の開示が必要不可欠である。

以上

（別紙2）

照　会　事　項

1　B（平成●年●月●日生）の中絶又はそれに類する手術の際の，A（平成●年●月●日生）を同意者とする同意書の有無及びその記載内容について，ご回答ください。なお，回答に代えて，当該同意書の写しをご送付いただいても構いません。

2　その他，Bのカルテ等の診療上作成された一切の資料について，Aに関する記載の有無及びその記載内容をご回答ください。なお，回答に代えて，当該Aに関する記載がある診療録等の写しをご送付いただいても構いません。

以上

解　説

　不貞行為は密室で行われることが多いため，証拠の収集が難しいことがあります。

　そのため，例えば，不貞相手が堕胎したという情報がある場合，病院に対して，弁護士会照会を行い，証拠収集を行うことが考えられます。

　これは，その際の，照会を求める理由（別紙1），照会事項（別紙2）の記載例です。

　病院によっては，患者（上記の記載例でいうB）に確認をとり，患者の承諾がない限りは開示できないという回答を行うこともありますので，必ずしも成功するわけではないことには，ご留意ください。

記載例10-13　携帯電話番号から，弁護士会照会を利用し，不貞相手の情報を特定する場合の記載例

（別紙1）

照会を求める理由

1　受任事件

　　依頼者名　　　●●　●●

　　相手方名　　　●●　●●

　　事 件 名　　　損害賠償請求事件

2　上記事件に関し，下記の理由で，別紙照会事項についての回答をお願いするものです。

　　依頼者は相手方に対し，不法行為（依頼者の配偶者との不貞行為）に基づく損害賠償（慰謝料）請求を予定していますが，依頼者の有する相手方の情報は，●年●月●日，依頼者の配偶者を通じて知った相手方の携帯電話番号のみです。依頼者が相手方に対し，損害賠償をするためには，相手方の正確な氏名及び住所を把握することが必要ですが，これらが不明であるため，本照会に至りました。

以上

（別紙2）

照 会 事 項

　令和●年●月●日時点における電話番号「090-●●●●-●●●●」
につき，以下をご回答下さい。
1　基本事項
　・契約者住所
　・請求書又は領収書の送付先の氏名及び住所
　・契約者氏名（フリガナ）
　・契約年月日（利用開始日）
　・契約者生年月日
　・連絡先電話番号
2　契約終了（解約）/番号変更（改番）
　　契約が終了している場合は，終了事由・終了日及び契約終了時点で
　の上記各事項
　　番号変更している場合は，新電話番号及び上記各事項
3　MNP（モバイル・ナンバー・ポータビリティー）
　　MNPにより番号転出している場合は，その事実，転出日及び電話
　番号使用事業者グループ名（貴社が該当電話番号の管理事業者である
　とき）

以上

第10章　その他

■ **解　説** ■

　不貞相手の情報について，携帯電話番号しか分からない場合に携帯電話の
契約情報から，不貞相手の住所等の個人情報を特定するために弁護士会照会
を使うことが考えられます。
　弁護士会照会の書式は，各弁護士会に準備されていると思いますが，「照
会を求める理由」（別紙1），「照会事項」（別紙2）についての記載について参
考になるよう記載例を作成しました。

　近年では，MNPで転出していることも多いため，別紙2の3の記載は必須です。

　MNPで転出している場合には，その転出先の携帯電話事業者に対して，改めて弁護士会照会をかける必要があります。

第5 調査嘱託

記載例10-14　財産分与において,相手方が任意開示に応じない場合に調査嘱託を申し立てる場合の記載例 —— 銀行の預金

　原告は,以下のとおり調査嘱託の申立てをする。

1　証明すべき事実

　財産分与の対象となる財産の存在及び金額

2　嘱託先

　株式会社○○銀行

　（※住所,電話番号等）

3　調査事項

　別紙のとおり

以上

（別紙）

調　査　事　項

1　調査対象者

　(1)　氏名

　　　住所

　　　前住所

　　　生年月日

　(2)　氏名

　　　住所

　　　前住所

　　　生年月日

2　上記調査対象者2名について,以下の事項をご教示ください。

　(1)　上記調査対象者は,貴行に預金口座を開設していたことがありま

すか。

(2) 開設していた場合，①預金口座のある（あった）支店名，②預金
種別，③口座番号，④口座名義，⑤○年○月○日（※基準日）時点
の預金残高，⑥口座開設から回答日現在までの取引履歴（口座開設
日まで取引履歴を遡ることができない場合は，最も古い時点から）
をそれぞれご教示ください。

なお，ご回答に代えて，貴行所定の取引履歴等をご送付いただい
ても構いません。

以上

■ 解 説

　財産分与において，相手方が任意の財産開示に応じない場合，裁判所を利
用して，調査嘱託を行えば開示されることが多いです。

　この例は，離婚訴訟において，財産分与を整理するなかで，被告が管理・
保有している可能性がある銀行口座を開示しなかった場合に，銀行に対して
情報の開示を求める場合の記載例です。

記載例10-15　財産分与において，相手方が任意開示に応じない場合に調査嘱託を申し立てる場合の記載例——退職金

　原告は，以下のとおり調査嘱託の申立てをする。

1　証明すべき事実
　原告との婚姻時及び別居時における，被告の資産状況
　（財産分与の基礎となる財産算定のため）
2　嘱託先
　○○株式会社

（※住所，電話番号等）

3　調査事項

①○年○月○日（※婚姻時）及び②●年●月●日（※別居時）の各時点における△（※被告：特定方法として生年月日，住所を記載）の退職金見込額

（一時金での支給と年金での支給がある場合には，いずれも開示されたい。）

以上

■ 解　説

　財産分与において，相手方が任意の財産開示に応じない場合，裁判所を利用して，調査嘱託を行えば開示されることが多いです。調査嘱託は，調停では消極的な裁判官が多いように思いますが，審判，訴訟では，その必要性が認められれば採用されます。

　この例は，離婚訴訟において，財産分与を整理するなかで，被告が退職金について，退職時期まで相当期間がある等の理由で開示をしなかった場合に，会社に対して退職金の金額の情報の開示を求める場合の記載例です。

記載例10-16　財産分与において，相手方が任意開示に応じない場合に調査嘱託を申し立てる場合の記載例――保険会社

　原告は，以下のとおり調査嘱託の申立てをする。

1　証明すべき事実及び調査の必要性

（1）　証明すべき事実

　　被告が，加入している各種保険について，○年○月○日付で解約したと仮定した場合の解約返戻金見込額

⑵　調査の必要性

　　相手方は，現在，加入中の生命保険について解約済みであること
　を主張しているが，○○○○から，相手方には開示していない別の
　保険が存在する疑念がある。

　　そこで，別居日である○年○月○日付で解約したと仮定した場合
　の解約返戻金額を明らかにし，財産分与の対象財産を明らかにする
　必要がある。

2　嘱託先

　●●生命保険株式会社

　（※住所，電話番号等）

3　調査事項

　別紙のとおり

以上

（別紙）

調査嘱託事項

1　調査対象者

　　住　　　所　　●●

　　氏　　　名　　●

　　生年月日　　　平成○年○月○日生

2　調査事項

　⑴　調査対象者を保険契約者又は被保険者とする生命保険の有無

　⑵　契約がある場合，各契約の内容（契約年月日，保険証書番号，保
　　険種類，保険金額，保険料，保険契約者名，満期がある場合は満期，
　　保険金受取人等）及び○年○月○日時点の解約返戻金額

　⑶　契約が解約されている場合は，解約日及び解約返戻金額

以上

■■ **解　説** ■■■■■■■■■■■■■■■■■■■■■■■■■■■■■■■■■■

　財産分与において，相手方が任意の財産開示に応じない場合，裁判所を利用して，調査嘱託を行えば開示されることが多いです。調査嘱託は，調停では消極的な裁判官が多いように思いますが，審判，訴訟では，その必要性が認められれば採用されます。

　この記載例は，離婚訴訟において，財産分与を整理するなかで，被告に未開示の解約返戻金が見込める保険が存在する可能性がある場合に，その所在を調査することを想定しています。

記載例10-17　不貞相手が堕胎したという情報から病院に対する調査嘱託を申し立てる場合の記載例

　原告は，以下のとおり調査嘱託の申立てをする。

１　証明すべき事実及び調査の必要性

　⑴　証明すべき事実

　　　被告●と被告▲の不貞行為

　⑵　調査の必要性

　　　被告●は，調停段階で，不貞行為を否認していたところ，原告は，知人より，被告▲が，被告●との性交渉の結果妊娠し，○○病院で中絶手術又はそれに類する手術を受けたという情報を得た。

　　　すなわち，中絶手術の同意書又はカルテの診療録には，被告●の名前が記載されている可能性が高い。

　　　当該証拠は，不貞行為の事実を証明する重要な証拠であるところ，当該証拠は，○○病院に調査嘱託を行うことでしか入手し得ない。

　　　真実発見のためには，被告▲の○○病院における中絶手術の同意書又はカルテ等の診療録の開示が必要不可欠である。

　　　他方，被告らからの，プライバシーへの配慮についての意見を踏まえ，嘱託事項を限定する。

第10章　その他

2　嘱託先

　　○○病院

　（※住所，電話番号等記載）

3　調査事項

　　別紙調査嘱託事項のとおり。

以上

（別紙）

調査嘱託事項

1　調査対象者

　氏　　　名：　　　　▲

　住　　　所：　　　～

　生年月日：平成○年○月○日

2　調査事項

　⑴　調査対象者が，○年○月○日から△年△月△日までの間に，○○
　　病院を受診した事実の有無をご回答ください。

　⑵　仮に受診した事実がある場合，以下をご回答ください。

　　ア　受診の年月日

　　イ　受診の態様

　　　㋐　入院又は通院

　　　㋑　保険診療又は自由診療

以上

■ **解　説** ■

　不貞行為は密室で行われることが多いため，証拠の収集が難しいことがあります。

　そのため，例えば，不貞相手が堕胎したという情報がある場合，病院に対して，裁判所を利用して調査嘱託を行い，証拠収集を行うことが考えられま

す。なお，弁護士会照会については，記載例10-12をご参照ください。

　この点，弁護士会照会では，病院が情報を開示してこなかった場合も，調査嘱託によることで，開示を受けることができる場合があります。

　これは，その場合の調査嘱託申立書の記載例です。

　相手方は，プライバシー侵害等と反論してくることが予想されます。その場合には，上記のように，日付及び受診態様に限定することで，裁判所は採用してくれやすくなりますので，参考にしてください。

付　録

- 資　料
- 索　引

【資料1】養育費・婚姻費用算定表

（表1）養育費・子1人表（子0〜14歳）

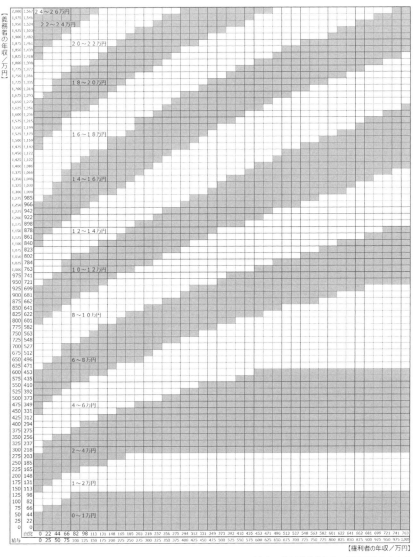

（出典：裁判所「養育費・婚姻費用算定表」）

（表2）養育費・子1人表（子15歳以上）

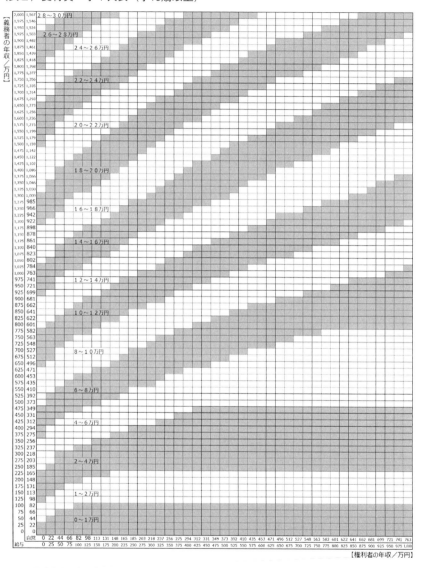

（表３）養育費・子２人表（第１子及び第２子０〜14歳）

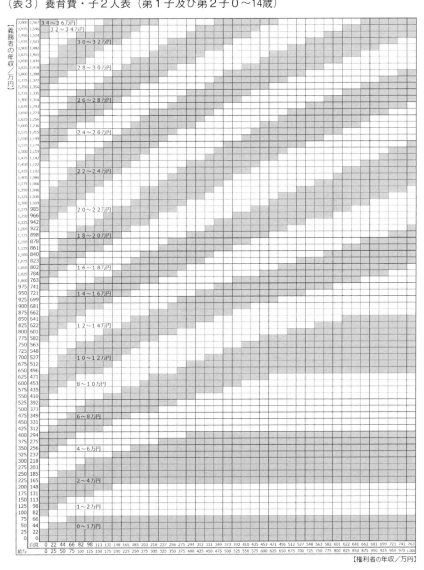

（表４）養育費・子２人表（第１子15歳以上，第２子０～14歳）

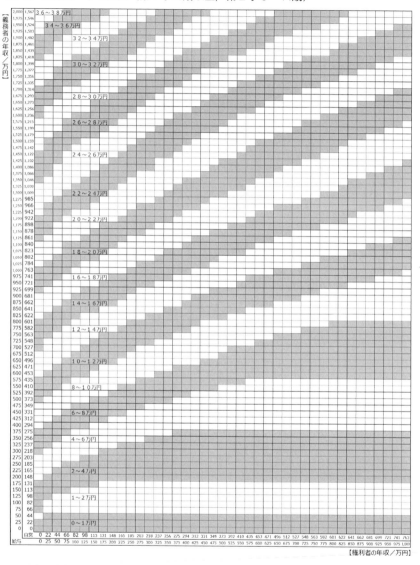

【権利者の年収／万円】

（表５）養育費・子２人表（第１子及び第２子15歳以上）

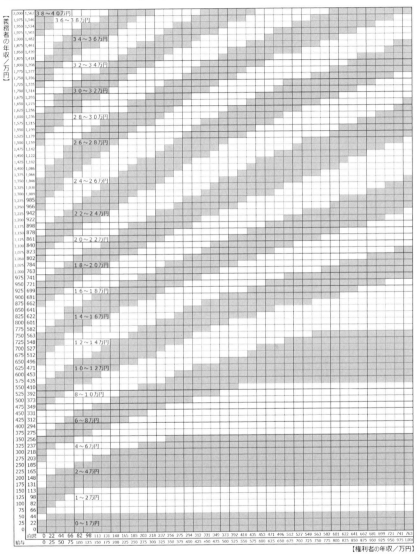

【義務者の年収／万円】

【権利者の年収／万円】

（表６）養育費・子３人表（第１子，第２子及び第３子０～14歳）

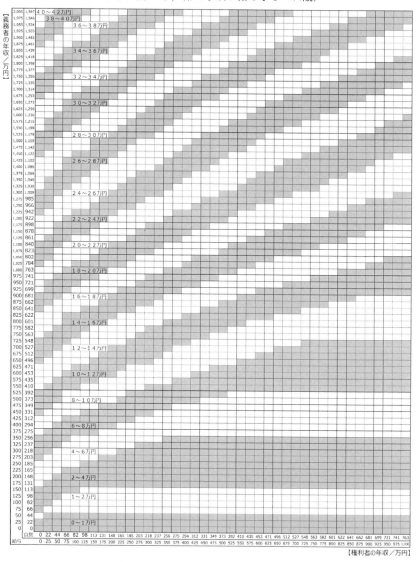

【義務者の年収／万円】

【権利者の年収／万円】

（表7）養育費・子3人表（第1子15歳以上，第2子及び第3子0～14歳）

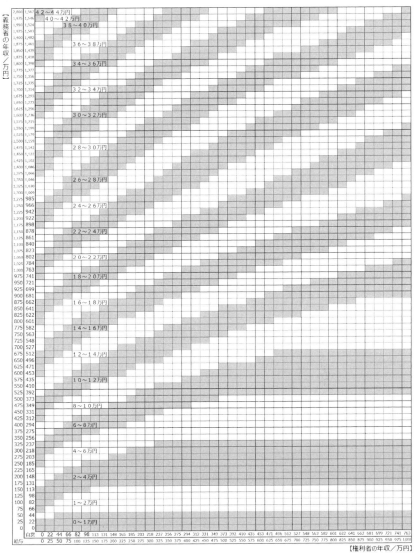

【権利者の年収／万円】

（表８）養育費・子３人表（第１子及び第２子15歳以上，第３子０〜14歳）

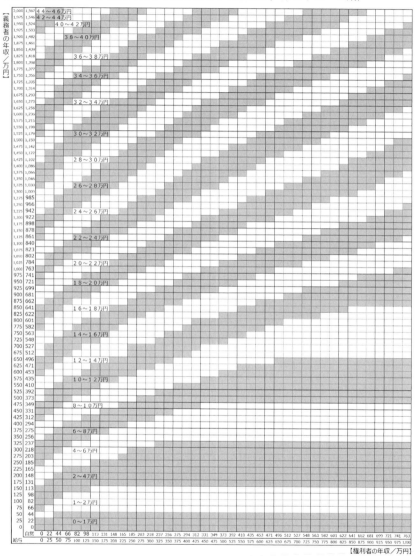

（表９）養育費・子３人表（第１子，第２子及び第３子15歳以上）

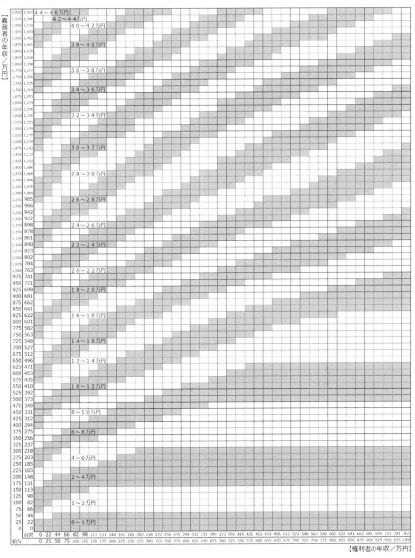

（表10）婚姻費用・夫婦のみの表

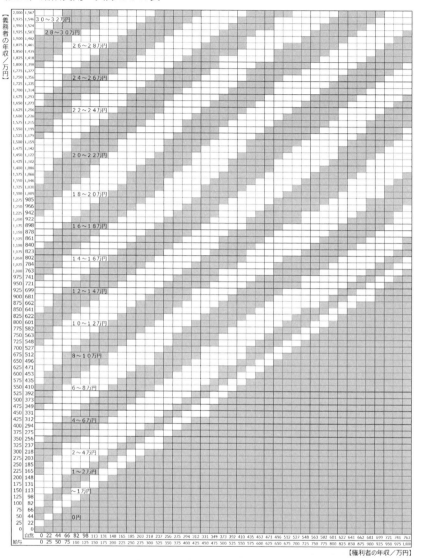

【権利者の年収／万円】

（表11）婚姻費用・子1人表（子0〜14歳）

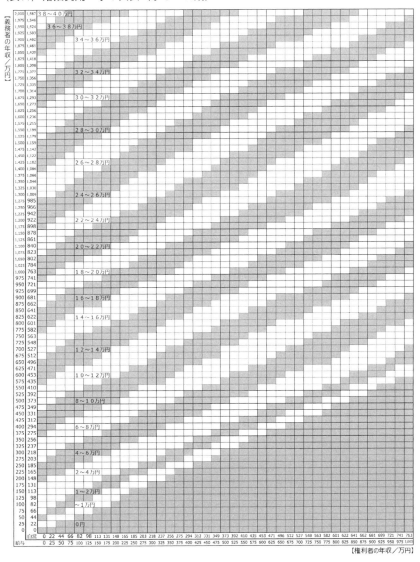

【権利者の年収／万円】

（表12）婚姻費用・子１人表（子15歳以上）

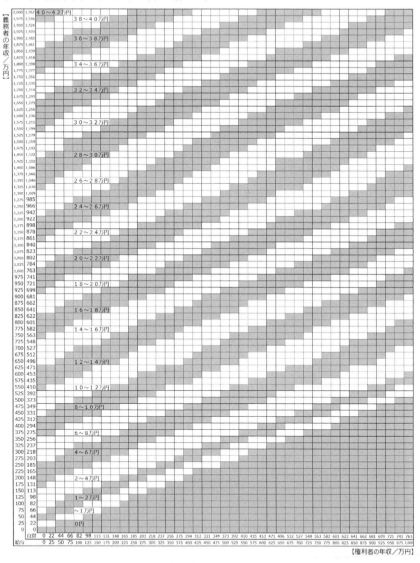

【権利者の年収／万円】

（表13） 婚姻費用・子2人表（第1子及び第2子0～14歳）

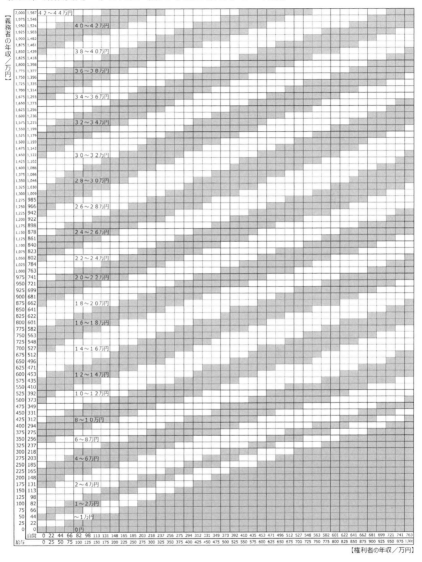

（表14）婚姻費用・子2人表（第1子15歳以上，第2子0〜14歳）

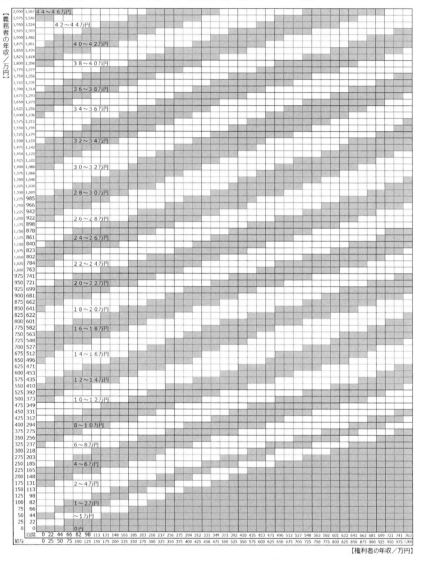

（表15） 婚姻費用・子2人表（第1子及び第2子15歳以上）

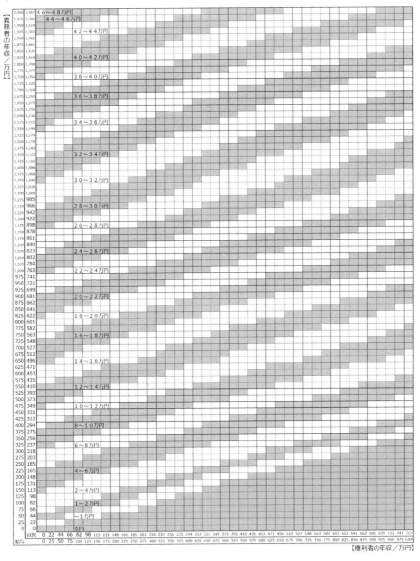

【権利者の年収／万円】

（表16）婚姻費用・子３人表（第１子，第２子及び第３子０〜14歳）

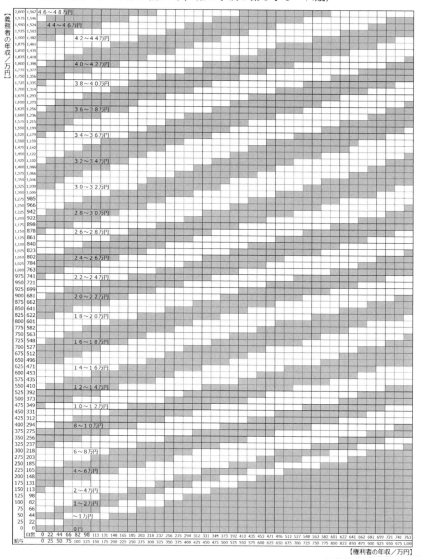

【権利者の年収／万円】

（表17）婚姻費用・子3人表（第1子15歳以上，第2子及び第3子0〜14歳）

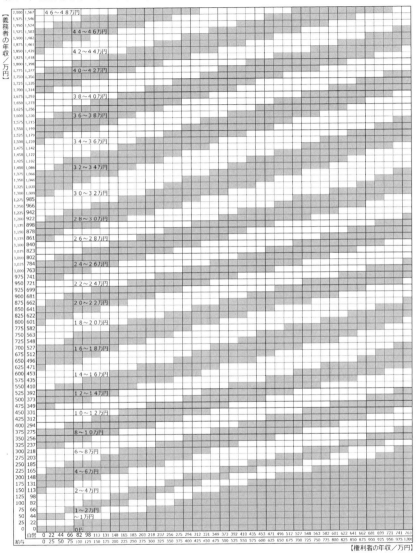

【権利者の年収／万円】

（表18）婚姻費用・子３人表（第１子及び第２子15歳以上，第３子０〜14歳）

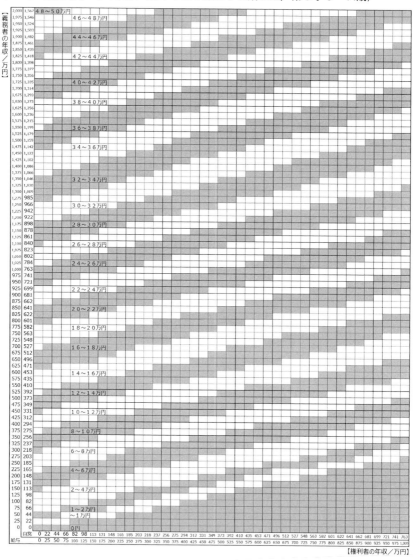

(表19) 婚姻費用・子３人表（第１子，第２子及び第３子15歳以上）

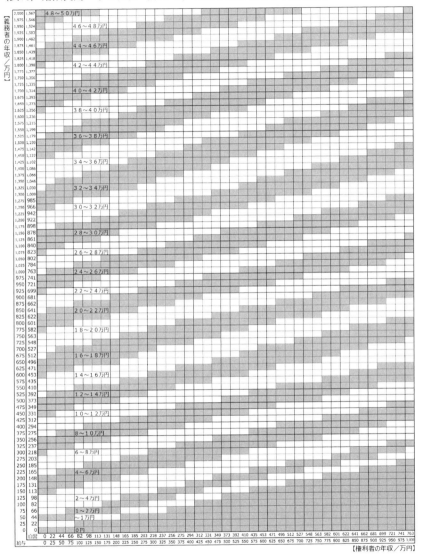

【権利者の年収／万円】

【資料2】 示談書

示談書

　○○○○（以下甲という）と□□□□（以下乙という）は，甲が乙の配偶者（△△△△）（以下丙という）と行った不貞行為（以下「本件」という。）について，以下のとおり合意する。

第1条（謝罪）
　甲は，乙に対し，本件について深く謝罪する。

第2条（慰謝料）
　甲は，乙に対し，本件の慰謝料として金●●●万円の支払義務があることを認め，●年●月末日限り，乙が指定する以下の口座に振り込む方法により支払う。なお，振込手数料は甲の負担とする。
　（口座の表示）
　●●銀行●●支店　普通●●●●
　●●●●

第3条（求償権放棄）
　甲は，前条の慰謝料が，甲丙間の共同不法行為にかかる，甲固有の負担割合部分であることを認め，丙に対する求償権を放棄する。

第4条（非接触）
　甲は，乙及び丙と，理由の如何及びメール，SNS等の方法の如何を問わず，一切接触しないことを約束する。

第5条（清算条項）
　甲と乙は，本件により生じる乙の全ての損害につき解決済みであり，甲乙間に本書面に記載する以外に一切の債権債務が存在しないことを相互に確認する。

　以上の合意成立を証するため，本書2通を作成し，甲乙が署名捺印の上，各自1通を保有する。

令和●年●月●日

（甲）

（乙）

【資料３】 医療行為の同意の委任状

医療同意委任状

受任者
（住所）

（氏名）

（生年月日）　　　　年　　　　月　　　　日

　私は，上記の者が「人生の最終段階における医療・ケアの決定プロセスに関するガイドライン」記載の「家族等」に当たることをここに証明し，社会通念上配偶者に認められる次の事項について，上記の者へ一切の権限を委任します。

1　委任者への医療行為に関する説明・同意，カルテ開示に関する同意，治療方針決定への同意

2　委任者の子（氏名，年月日生）の保護者としての医療行為への説明・同意，カルテ開示に関する同意，治療方針決定への同意

　　　　　　　　　　　　　　　令和　　　　年　　　　月　　　　日

委任者　　　（住所）

　　　　　　（氏名）　　　　　　　　　　　　　　　　印

　　　　　　（生年月日）　　　　年　　　　月　　　　日

事 項 索 引

条 文 索 引

判 例 索 引

著 者 略 歴

髙井　翔（たかい　しょう）
弁護士（福岡県弁護士会）　デイライト法律事務所
　例 4 - 1 〜 4 -20，4 -26，5 - 1 〜 5 -12，8 - 7 〜 8 -10，10- 1 〜10- 3，10-
　5 〜10- 7 を担当。

竹下龍之介（たけした　りゅうのすけ）
弁護士（福岡県弁護士会）　デイライト法律事務所
　例 1 - 9，2 -13，3 -18〜 3 -23，3 -29〜 3 -41，4 -21，4 -25，6 - 9，6 -
　10，9 - 2，9 - 3，9 - 5，9 - 6，10- 4，10- 8，10- 9，10-11〜10-17を
　担当。

中村　啓乃（なかむら　ひろの）
弁護士（福岡県弁護士会）　デイライト法律事務所
　例 1 - 1 〜 1 - 8，1 -10〜 1 -12，5 -13〜 5 -17，6 - 1 〜 6 - 7，7 - 1 〜 7 -
　6，8 - 1 〜 8 - 6，9 - 1，9 - 4，9 - 8，9 - 9，10-10を担当。

宮﨑　晃（みやざき　あきら）
弁護士（福岡県弁護士会）　デイライト法律事務所（代表弁護士）　MBA，税理士
　全体を監修及び編集。

本村　安宏（もとむら　やすひろ）
弁護士（福岡県弁護士会）　デイライト法律事務所　ITパスポート試験合格，3 級
ファイナンシャルプランニング技能士
　例 2 - 1 〜 2 -12，3 - 1 〜 3 -17，3 -24〜 3 -28，4 -22〜 4 -24，5 -18，6 -
　8，9 - 7 を担当。

〈弁護士法人デイライト法律事務所〉
福岡市博多区博多駅前 2 - 1 - 1　福岡朝日ビル 7 階
電話番号：0120-783-645（予約専用），092-409-1068（通常ダイヤル）
デイライト法律事務所ウェブサイト「離婚書式・資料集」
（www.daylight-law.jp/divorce/syoshiki/）

サンプル書式の無料ダウンロードについて

〈ダウンロードに当たって〉

【動作環境（推奨環境）】

- ダウンロードできるファイルは，『Microsoft® Word®』（docx形式）で作成されています。

  ※『Microsoft® Word®』は米国Microsoft Corporationの登録商標です。

【登録方法】

- 下記のURL・仮ID・仮パスワードにてユーザー登録ページにアクセスし，ユーザー登録をしてください。ご登録いただいたメールアドレス宛に登録完了メールをお送りいたします。

> URL：https://legalgarden.kajo.jp/dl
>
> 仮ID：kyougirikon　　仮パスワード：touroku

- ユーザー登録ページには，日本加除出版ホームページ（www.kajo.co.jp）の上部メニューの「読者サポート」からもアクセスいただけます。

【ダウンロード方法】

　登録完了メールでお知らせしたURL・ユーザー名・パスワードにてダウンロードページにアクセスすることができます。こちらのページをお使いのブラウザの「お気に入り」や「ブックマーク」にご登録いただくと便利です。

【ダウンロードする際の注意事項】

・ダウンロードに当たっては，下記利用規約及び個人情報の取扱いについて，お客様の同意を得られたものとさせていただきますので，必ずご一読をお願い申し上げます。

・ダウンロード方法については，予告なしに変更する場合があります。

・ダウンロードの不具合が発生した場合は，まず，コンピューター環境やセキュリティ設定等をご確認ください。

〈利用規約〉

【著作権法上の注意】

・著作権は著者及び日本加除出版株式会社に帰属します。

・ダウンロードした文例等は，本書の購入者のみに対して公開するものです。本書購入者が自己のために利用する範囲内に限り，自由に利用していただいて構いません。ただし，使用者の責任のもとに行ってください。

【禁止事項】

・書籍に記載された仮ID，仮パスワード，およびユーザー登録後にお送りするID，パスワード等を有償又は無償で配布することを禁止します。

・ダウンロードした各ファイルを他のCD等の物理的媒体やネットワークを使用して販売及び再配布することを禁止します。

【利用上の注意点，免責】

・文例等は，実務上参考となるであろう例として紹介するものです。実際の利用の際には，個々の実情に応じて，適宜修正等を加えてください。

・文例等の解釈・適用を巡って具体的な紛争が生じた場合でも，著者及び発行者は一切の責任を負いかねますことをあらかじめご了承のうえ，ご利用ください。

【裁判管轄】

・本利用規約にかかわる紛争は，東京地方裁判所を管轄裁判所として解決するものとします。

〈個人情報の取扱い〉

【個人情報の利用】

・弊社にご提供いただいたすべての個人情報は，その全部または一部を，下記の目的に使用させていただくことがあります。

　1）本書のダウンロードサービスを提供するうえで必要な情報の確認やご案内のため。

　2）弊社からの各種ご案内（DM，アンケート等）のため。

【個人情報の保守管理，開示，訂正等】

・個人情報の保守管理，個人情報の開示・訂正等につきましては，弊社プライバシーポリシーをご参照ください。

www.kajo.co.jp/f/policy/privacy.html

〈お問い合わせ〉

　商品に関するお問い合わせにつきましては，弊社ホームページ問合せフォームまたはEメール，お電話にてご連絡ください。

　問合せフォーム：www.kajo.co.jp/f/inquiry

　Eメール：eigyo-kikaku@kajo.co.jp

　電話：03-3953-6422（日本加除出版　営業部）

離婚協議書・婚姻契約条項例集
―面会交流・養育費・財産分与・婚姻費用・年金分割,
パートナーシップ契約等―（サンプル書式ダウン
ロード特典付）

2023年7月5日　初版発行
2024年8月5日　初版第2刷発行

著　者　　髙　井　　　翔
　　　　　竹　下　龍之介
　　　　　中　村　啓　乃
　　　　　宮　﨑　　　晃
　　　　　本　村　安　宏

発行者　　和　田　　　裕

発行所　　日本加除出版株式会社
本　　社　〒171-8516
　　　　　東京都豊島区南長崎3丁目16番6号

組版　㈱郁文　　印刷　㈱亨有堂印刷所　　製本　牧製本印刷㈱

定価はカバー等に表示してあります。
落丁本・乱丁本は当社にてお取替えいたします。
お問合せの他、ご意見・感想等がございましたら、下記まで
お知らせください。

〒171-8516
東京都豊島区南長崎3丁目16番6号
日本加除出版株式会社　営業企画課
電話　　03-3953-5642
FAX　　03-3953-2061
e-mail　toiawase@kajo.co.jp
URL　　www.kajo.co.jp

© 2023
Printed in Japan
ISBN978-4-8178-4897-0

ケーススタディ
財産分与の実務
対象財産別調査・評価等の法務と税務のチェックポイント

勝木萌・竹下龍之介・中村啓乃・堀尾雅光・宮﨑晃 著

2021年3月刊 A5判 328頁 定価3,960円(本体3,600円) 978-4-8178-4711-9

商品番号：40862
略　　号：ケ分与

●多くの離婚相談を受け解決した実績を持つ弁護士チームが、特に調査・評価が問題になりやすい事例とその解決方法を解説。参考となる裁判例とともに、離婚調停事案や協議での解決事例を収録。著者弁護士チームが訴訟、和解においてどのように考え・対応するかについてのコメントも付与。

第4版　離婚調停

秋武憲一 著

2021年4月刊 A5判 480頁 定価3,960円(本体3,600円) 978-4-8178-4719-5

商品番号：40437
略　　号：離婚調停

●実務家から大絶賛の実践テキスト。「養育費・婚姻費用算定表（令和元年版）」に対応した、待望の改訂版。親権、面会交流、婚姻費用、養育費、財産分与等の個別の論点を実践的Q&Aを交えながら解説。離婚調停（夫婦関係調整調停）申立書式や養育費・婚姻費用算定表等、実務に必要な資料も収録。

離婚・パートナー関係の
実務相談Q&A
先輩弁護士は別居前後で考える！

小島妙子・水谷英夫 編著

井野場晴子・小島智・小堀絵里子・坂口真理子・佐藤夏海・滝沢圭・内藤千香子・三浦じゅん・光安理絵・宮本洋一 著

2023年5月刊 A5判 400頁 定価4,290円(本体3,900円) 978-4-8178-4883-3

●実際の実務の時系列に沿って「別居前」、「別居中」、「別居後」での解説を付し、事件に詳しい弁護士ならではの実務的視点で、実例に基づいた相談解決に導く。
●親子法改正、当事者の秘匿制限、家事事件のIT化、DV防止法改正など最新実務に対応。

日本加除出版

〒171-8516　東京都豊島区南長崎3丁目16番6号
営業部　TEL (03) 3953-5642　FAX (03) 3953-2061
www.kajo.co.jp